经济管理学术文库 • 管理类

董事会特征与公司绩效

——对中国钢铁行业上市公司的经验分析

Board Features and Corporate Performance : Analysis of the Listed Companies of Iron and Steel Industry in China

刘 丽 / 著

经济管理出版社
ECONOMY & MANAGEMENT PUBLISHING HOUSE

图书在版编目（CIP）数据

董事会特征与公司绩效/刘丽著. —北京：经济管理出版社，2012.1

ISBN 978-7-5096-1755-7

Ⅰ.①董… Ⅱ.①刘… Ⅲ.①上市公司—董事会—研究 ②上市公司—企业绩效—研究 Ⅳ.①F276.6

中国版本图书馆 CIP 数据核字（2011）第 277116 号

出版发行：经济管理出版社

北京市海淀区北蜂窝 8 号中雅大厦 11 层

电话：(010)51915602　　邮编：100038

印刷：北京广益印刷有限公司　　经销：新华书店

组稿编辑：张永美　　责任编辑：张永美

责任印制：杨国强　　责任校对：蒋　方

720mm×1000mm/16　　12 印张　　193 千字

2012 年 3 月第 1 版　　2012 年 3 月第 1 次印刷

定价：36.00 元

书号：ISBN 978-7-5096-1755-7

序 言

2011 年 1 月，世界银行（WB）、联合国经济与社会事务部（UNDE-SA）、国际货币基金组织（IMF）各自发布了《世界经济形势展望报告》，这些报告不谋而合地达成了如下“共识”：从全球经济形势来看，世界经济已经进入了稳步复苏的轨道，但由于刺激性政策的逐步退出、结构性经济问题的解决还需要很长时间，2011 年世界经济增长将有所放缓，2012 年经济增速才会有所回升。在经济增长由先缓到回升的阶段，中国作为世界经济的重要一员，其必然推动世界经济的腾飞，当然也必将从世界经济的腾飞中受益。

在这样一个经济环境下，我国钢铁行业作为国民经济的支柱产业，其发展既面临着重要机遇，也面临着前所未有的挑战。这里所说的机遇是指世界经济的复苏必然带动各产业的发展，作为提供“工业粮食”之称的钢铁企业必然随之快速增长。当然挑战也必然存在，因为就我国钢铁企业的素质而言，其技术、规模、管理等是否能经得住世界经济的检验仍然是个问号。纵观钢铁企业的发展史，我们可以清晰地勾勒出钢铁企业从无到有、从小到大、从弱到强的成长过程。在这个过程中，钢铁企业完成了股份制的改造，完成了大规模的兼并重组，最终形成了以鞍钢、宝钢等为代表的国有大型企业群。可以说，这些大型钢铁企业为我国钢铁工业的发展，为我国工业经济的腾飞做出了杰出的贡献。但进入 21 世纪以来，企业竞争的焦点已经从规模、产能等这些粗放型的指标，转向了技术、人力资本、管理与治理等这些精细型指标，而这些精细型指标恰恰命中了中国钢铁企业的“软肋”。2001 年 7 月，在中国石油西气东输管道公司举行的首批 10 万吨 X70 管线钢全球招标中，一直让我们引以为傲的宝钢败给了韩国浦项，浦项报价每吨 217 美元，宝钢 395 美元，两者相差 82%，宝钢因为生产率低下、成本高而败北。调查发现，浦项 X70 管线钢的合格率为90%，而宝钢仅为 50%，这种差别来自于决定生产率的技术和管理效率，而关键还在于管理。可悲的是，国有企业改革已经进行了 30 多年了，现代企业制度也建立 20 多年了，但我国的钢铁企业仍然没有摆脱国有国营的体制，产权尚不明确，更谈不上什么法人治理结构、激励机制之类的了。分析到这里，我们就不难理解宝钢为什么生产率低而成本高了。

认识到这一困境，我国在 2004 年 6 月颁布了《关于国有独资公司董事会建设的指导意见（试行）》，开始用现代公司治理理论来指导实践，按照“淡马锡”的模式为国有企业搭建高效的治理平台，并确定了宝钢等几家企业作为国有独资公司董事会试点单位，宝钢成为第一家外部董事超过董事会成员半数的中央企业，同时宝钢新型董事会的建立也拉开钢铁企业董事会建设的序幕。时至今日，所有的钢铁行业上市公司均完成了新型董事会的建设，但这一新型的董事会是否提升了公司绩效、提升了多少、在哪些方面作用明显等这些问题仍然是研究上的空白，而钢铁企业管理实践的发展也急需这方面的信息支持，以推动公司治理改革的有序发展，这是基于理论研究和实践发展的需要，笔者选择了“董事会治理与公司绩效”这一选题作为博士论文的选题，在理论分析的基础上，以钢铁行业上市公司董事会作为研究样本，通过建立董事会特征与公司绩效的结构方程的形式，系统分析了董事会结构特征、构成特征、激励特征、行为特征和素质特征等对公司绩效的影响，得出了改善钢铁行业上市公司董事会治理效率的建议，如确定与公司规模相适应的董事会规模、提高独立董事比例和激励水平、提倡董事长和总经理两职部分分离、全面提高董事会成员素质等若干对策与建议。

学术上对于董事会治理问题的研究由来已久，但分行业的研究成果却是凤毛麟角，而对于钢铁企业的董事会治理方面的研究就少之又少了，笔者出于理论研究和实践发展的需要，选择了这个领域进行研究，本项研究成果希望能够作为一种有益的探索，丰富董事会治理的研究成果，为钢铁企业董事会建设提供些许思路和启发。但由于资料和笔者研究水平的有限性，书中错误和不足在所难免，敬请各位专家、学者和各位读者批评指正。

刘　丽

2011 年 11 月 27 日

目 录

第1章 导论

1.1 研究背景

钢铁行业是技术、资金、资源、能源密集型产业，其发展水平是国家经济、社会发展水平和综合实力的重要标志，在西方经济发达国家，钢铁行业与建筑业、汽车工业并列为三大支柱产业。[①] 自20世纪80年代以来，我国钢铁工业取得了长足发展，粗钢产量连续13年位居世界第一，粗钢产量年均增长21.1%。2007年，粗钢产量达到5亿吨，占全球产量的38%；实现利润2436亿元，占工业企业利润总额的9%，直接从事钢铁生产的就业人数达358万，[②] 可以说，钢铁工业为国民经济的持续快速增长做出了突出贡献，但在该行业快速发展的同时也不可避免地出现了钢铁企业片面追求产能、行业过度膨胀的现象，尤其是2008年全球金融危机蔓延以来，我国钢铁产业受到了严重打击，多年来粗放发展所累积的各种矛盾顿然爆发，很多大型钢企出现了停炉减产等状况。据中国钢铁工业协会统计，2008年整个钢铁企业的利润只有846亿元，同比下降了43.7%。[③] 为确保钢铁产业平稳运行，国家工业和信息产业部（以下简称工信部）2009年1月推出了《钢铁产业调整和振兴规划》。该规划指出“推进联

---

① 许天戟、王用琪：《面对WTO中国建筑业如何与国际接轨》，《西安交通大学学报》（社会科学版）2001年第21卷第1期，第22~29页。

②《钢铁产业调整和振兴规划》，中国政府网，http：//www.gov.cn/zwgk/2009-03/20/content_1264318.html，2009年3月30日。

③《2008年钢铁业利润不足千亿元》，凤凰网财经，http：//www.cctv32.com/992009226221015.html，2009年2月26日。

合重组，形成若干个具有较强自主创新能力和国际竞争力的特大型企业”是规划期内钢铁行业发展的重要目标。[①] 其实钢铁企业的合并重组在我国并不是一个新鲜事物，早在 1998 年杭钢股份用 1.8 亿元收购杭州钢铁厂小型轧钢股份有限公司 60%的股权，用 2.3 亿元收购集团公司动力厂就拉开了中国钢铁企业兼并重组的序幕。[②] 2005 年 8 月，辽宁省两大钢铁集团公司——鞍山钢铁集团公司与本溪钢铁（集团）有限责任公司联合重组建立了鞍本钢铁集团。[③] 2007 年 1 月，宝钢完成对新疆八一钢铁集团的重组，成为我国钢铁行业跨地域并购成功的典范。[④] 兼并重组扩大了钢铁企业的规模，同时也使其集团组织机构层次不断增多，集团风险控制难度也相应提高，这一情形恰恰反衬出钢铁企业公司治理结构与管理手段的滞后。公司治理结构与管理体系能否支持大型集团化的钢铁企业的健康、良性发展，并给予企业持续的推动力，日渐成为企业管理者关注的问题。所以，并购重组只是万里长征的第一步，钢铁企业要想实现并购重组的预期目标，必须建立高效率的公司治理机制。

提到钢铁企业公司治理，我们自然不能忽视中国钢铁企业的国有独资性，根据 2008 年的统计数据显示，上市的 33 家钢铁公司中 29 家为国有独资企业，占总数量的 88%。[⑤] 在国有独资的产权背景下，董事会必然成为委托—代理关系的核心，成为企业管理的核心机构。而在公司实际的运行中，国有资产产权主体、国有资产债权主体的缺失导致了严重的“内部

① 《钢铁产业调整和振兴规划》在分析钢铁产业现状及当前形势的基础上，提出了 6 个目标和 8 个重点任务：6 个目标分别是总量恢复到合理水平、淘汰落后产能有新突破、联合重组取得重大进展、技术进步得到较大提升、自主创新能力进一步增强、节能减排取得明显成效；8 个重点任务分别是保持国内市场稳定，改善出口环境，严格控制钢铁总量，加快淘汰落后，促进企业重组，提高产业集中度，加大技术改造力度，推动技术进步，优化钢铁产业布局，统筹协调发展，调整钢材品种结构，提高产品质量，保持进口铁矿石资源稳定，整顿市场秩序，开发国内外两种资源，保障产业安全。

② 周希增：《钢铁业上市公司资产重组的回顾与展望》，《冶金管理》2002 年第 3 期，第 29~32 页。

③ 陈舸、程帆：《中国钢铁业并购重组分析》，《企业技术开发》2007 年第 7 期，第 71~73 页。

④《2007 年上半年钢铁业分析报告》，国研网，http：//www.drcnet.com.cn/DRCNet. Channel.Web/Calling/ callingreport.aspx？ version=Integrated&sel=3151。

⑤ 根据中国证监会编制的《上市公司行业分类指引》（以下简称《指引》），本书将其 C65 项下的黑色金属冶炼及延展加工业确定为钢铁行业。从色诺芬公司治理数据库查的 33 家钢铁行业上市公司，除了南钢股份、大冶特钢等 4 家为民营公司外，其余 29 家均为国有控股企业。

人控制问题”。[①] 在分析转轨国家的公司治理时，青木昌彦曾指出：“在转轨国家中，在私有化的场合，大量的股权为内部人持有，在企业仍为国有的场合，在企业的重大决策中，内部人的利益得到有力的强调。”[②] 在我国钢铁企业中的董事会不仅作为公司的经营决策机构，负责公司法人资产的营运，而且还行使着股东的大部分职权，是公司事务执行及意思决定的机关，处于治理机构的枢纽地位，对公司生存与发展具有决定性的作用。

认识到了这一点，我国在2004年6月颁布了《关于国有独资公司董事会建设的指导意见（试行）》，并确定了宝钢等几家企业作为国有独资公司董事会试点单位。[③] 2005年10月17日，宝钢集团作为董事会试点第一家单位依照《公司法》改建为规范的国有独资公司，董事会采取“4＋5”模式，即9名董事中由国务院国资委委任5位外部董事，宝钢新董事会的5位外部董事中，2位是境外大型公司的董事长、知名企业家，分别是香港利丰集团董事局主席和新加坡港务集团董事局主席；2位是中央企业的原负责人，分别是中石油的原副总经理和中国联通原董事长；1位是企业财务会计高级专家，上海国家会计学院院长。[④] 至此，宝钢成为第一家外部董事超过董事会成员半数的央企，同时宝钢新型董事会的建立也开启了钢铁企业董事会建设的序幕。事实证明，宝钢依据“淡马锡”模式建立的新型董事会为其并购重组战略的实施和公司绩效的提升提供了强有力的管理支持和制度支持。

虽然宝钢董事会建设已经成为中央企业（以下简称央企）董事会改革的样板，但这并不能说明所有钢铁行业上市公司的董事会建设都达到了较高水平，事实恰恰相反，笔者通过对2002~2006年33家钢铁行业上市公司董事会各指标的统计发现，选择董事长与总经理两职分离的公司比例在减少，由2002年的51.7%减少为2006年的32.5%，董事会的平均规模为

① 所谓“内部人控制”，是指现代企业中的所有权与经营权（控制权）相分离的前提下形成的，由于所有者与经营者利益的不一致，由此导致了经营者控制公司，即“内部人控制”的现象。筹资权、投资权、人事权等都掌握在公司的经营者即内部人手中，股东很难对其行为进行有效的监督。股东利益与经营者利益在一定程度上存在冲突，如经营者的短期行为、过度投资、过分的在职消费等，都在不同程度上损害了股东的长远利益，提高了代理成本。而权力的过分集中又使得“内部人”控制着会计信息的诚信程度，在经营者利益的驱动下势必会制造出诚信程度低的会计信息。

② 青木昌彦：《转轨经济中的公司治理结构》，北京：中国经济出版社，1995年版，第18页。

③ 彭金涛：《解构央企董事会》，《董事会》2007年第9期，第41~45页。

④ 陈霞：《宝钢集团新董事会结构分析》，《冶金管理》2006年第9期，第34~35页。

9~11 人，略大于上市公司 9~10 人的平均规模，且偶数规模的董事会比例达到了 20.3%，独立董事的比例在数量上虽然达到了规定的要求，但在质量上却与预期的目标相差甚远。[①] 这些问题严重影响了董事会的运作效率。究其原因，我们发现我国钢铁企业董事会的建设不是企业制度变迁的内生结果，而是综合学习和借鉴西方现代企业制度的外生现象。所以在实践中存在董事会的独立性有限，董事会运作不规范，董事长越位成为首席执行官，董事职责、义务虚化，外部董事人选视野褊狭，专门委员会未能有效运行等诸多问题，这些问题在一定程度上影响了公司绩效的提升。

董事会具有绩效后果，这表明董事会有能力影响公司的决策、战略和管理，最终影响公司绩效，而董事会特征恰恰是其能力的保障。大量的实证研究和理论研究均证明了董事会特征与公司绩效之间存在着某种关系，虽然行业不同、企业类型不同、董事会与公司绩效之间关系的表现形式也会有所不同，但我们不能否认这种关系的存在。基于以上分析，笔者认为非常有必要单独研究钢铁企业董事会特征与公司绩效之间的关系，以期为钢铁企业的董事会规范建设提供些许思路和借鉴。

1.2　研究意义

1.2.1　理论意义

本书重点研究了董事会特征与公司绩效关系的相关理论，在理论意义上不仅丰富了该领域的研究成果，同时还进一步验证和丰富了“董事会中心主义”理论。

1.2.1.1　丰富董事会特征与公司绩效关系的理论研究成果

科学理论的向前推进是众多学者共同努力的结果，是人类集体智慧的结晶，董事会特征与公司绩效关系的理论也是如此。目前，关于董事会特

① 刘丽：《钢铁业上市公司董事会独立性分析》，《江苏科技信息》2010 年第 1 期，第 24~26 页。

征与公司绩效关系的理论研究虽然已经取得了较为丰富的成果，但经济形势的不断变化，董事会特征与公司绩效关系问题本身的复杂性使得对于该问题的研究仍然需要不断地深化、完善和丰富。本书通过文献研究、实证分析等方法，研究了钢铁行业上市公司董事会特征与公司绩效的关系，并在此基础上系统分析了关系的类型和特点，这一研究成果从分行业的角度进一步丰富了董事会特征与公司绩效关系的研究领域的实证成果。

1.2.1.2 进一步验证并丰富“董事会中心主义”理论

“股东大会中心主义”和“董事会中心主义”的争论，触及的是公司权力分配的核心问题。“董事会中心主义”理论的提出开辟了公司治理理论研究的新领域，该理论认为股东大会的权力由法律和章程明文规定，除此之外，所有经营管理公司事务的权力均由董事会行使，股东大会不得干预。在股东大会的功能日益衰落，其对董事会的外部制衡作用也随之减弱的现实下，“董事会中心主义”的提出无疑是解决公司治理问题的一个关键。本书通过对钢铁行业上市公司董事会特征与公司绩效关系的实证研究，进一步强调了董事会在国有上市公司治理中的核心地位和重要作用，通过实证研究进一步验证和丰富了“董事会中心主义”理论。

1.2.2 现实意义

本书在理论研究的基础上，使用对比和实证分析方法研究了钢铁行业上市公司董事会特征与公司绩效的关系，为规范钢铁企业董事会建设提供了思路和依据，具有较强的现实意义，具体表现为以下三个方面。

1.2.2.1 完善钢铁行业上市公司的治理结构，提高其治理效率

董事会是公司治理结构的核心，所以规范董事会建设是完善公司治理结构、提高治理效率的核心内容。钢铁行业上市公司多数采取国资委直接管理方式，所以，从公司治理效率的角度来看，在钢铁企业内部建立一个对国有资产负责的“载体”即董事会，不仅有利于实现对公司的个性化管理，而且有利于划清政府行为与企业行为的界限，形成以管理公司董事为主的“管人”、以行使出资人权力为核心的“管事”和以国有资产保值增值为核心的“管资产”相结合的国有资产管理体制。通过本书的研究，可以为钢铁企业董事会的规范和建设提供思路和借鉴，进而进一步完善钢铁

行业上市公司的治理结构，提高治理效率。

1.2.2.2 提高钢铁行业上市公司董事会决策的科学性

各国的实践经验表明，“精干、平衡、强大、专业”的董事会是提高公司决策科学性和公司绩效的有效保障。本书指出了钢铁行业上市公司董事会建设的思路和方法，这可以在一定程度上提高钢铁行业上市公司董事会决策的科学性，进而提升公司绩效。所以，建立规范的董事会，不仅能够理顺监督（国资委）、决策（董事会）、执行（经理层）之间的分权制衡关系，还可以在一定程度上避免内部人控制，同时还为实现科学决策提供体制保障。

1.2.2.3 进一步推动央企董事会试点工作的深入开展

我国在 2004 年开始开展央企董事会改革的试点工作，但由于种种原因，工作进展相当缓慢。宝钢在这方面做了有益的尝试，建立了国内第一个“4 + 5”模式的董事会，并取得了较好的实践效果。本书重点分析钢铁行业上市公司董事会特征和公司绩效的关系，从实证的角度对董事会在钢铁企业中的地位对提升公司绩效的作用进行了深入细致的探讨，由于钢铁行业上市公司多数具有国有独资属性，是典型的央企，所以，本书必然能够推进央企董事会改革试点工作的进程。

1.3 研究思路与方法

1.3.1 研究思路

本书主要使用钢铁行业上市公司的统计数据对其董事会特征与公司绩效关系进行研究。首先，分析了董事会特征与公司绩效关系的国内外研究成果。其次，系统回顾了董事会治理理论，从理论上分析了董事会特征与公司绩效的关系，以此为基础提出研究假设、变量和模型。最后，通过 SPSS 11.5 软件和 EVIEWS 6.0 软件对所选取样本的统计数据进行分析，得出钢铁行业上市公司的董事会特征与公司绩效关系的一般结论，并在此基础上提出了若干政策建议。本书的研究思路可用图 1-1 简单表示。

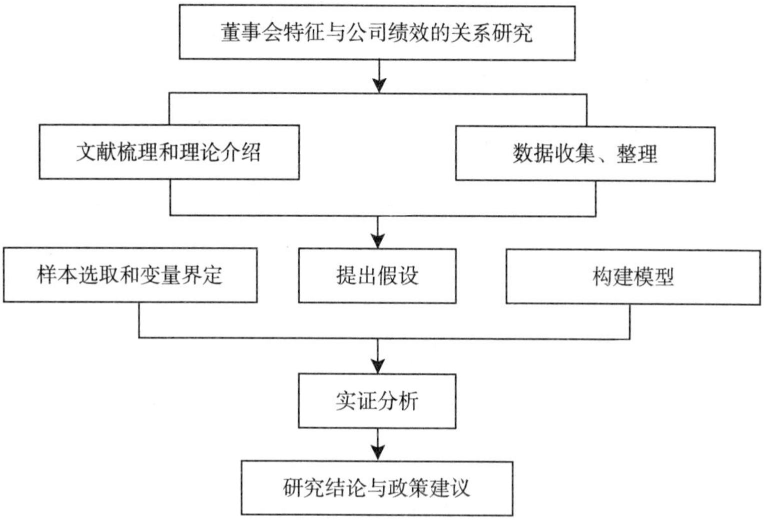

图 1-1　研究思路示意

1.3.2　研究方法

本书主要采用比较分析法、实证分析法、规范分析法和文献研究法进行研究。

1.3.2.1　比较分析法

比较分析法是根据一定的标准，把彼此之间有某些联系的事物放在一起进行考察，寻找其异同，以把握研究对象所特有的质的规定性。该分析方法是确定对象间异同的一种逻辑思维方法，也是一种具体的研究方法。本书运用比较分析法研究钢铁行业、石化行业、有色金属行业、物流行业和汽车行业上市公司董事会特征的异同，以找出钢铁行业上市公司董事会特征的行业特殊性，并初步设定描述钢铁行业上市公司董事会特征的维度与指标。

1.3.2.2　实证分析法

实证分析法是通过观察、分析、试验来研究观察到的现象，解释经济行为人的行为是什么、怎么样，寻找其发生的原因，并以此进行预测，而不对其行为结果进行评价的分析方法。本书主要对钢铁行业上市公司董事会特征与公司绩效的关系进行实证研究，在实证研究中主要使用了多独立样本单向方差秩检验、因子分析和多元回归等统计分析方法，其中使用多独立样本单向方差秩检验分析钢铁行业、石化业、有色金属业、物流业和汽车业上市公司在董事会特征方面的差异性；使用因子分析对钢铁行业上市公司绩效进行评价；使用多元回归法分析了钢铁行业上市公司董事会特征与公司绩效之间的关系等。这些统计分析方法的使用极大地提高了数据处理的客观性和科学性。

1.3.2.3　规范分析法

规范研究是根据一定的价值观念或经济理论对经济行为人的行为结果及产生这一结果的制度或政策进行评判，回答经济行为人的行为应该是什么的分析方法。本书运用规范分析方法对董事会治理、董事会特征与公司绩效关系的相关理论进行了梳理，主要包括委托—代理理论、资源依赖理论和内部人控制理论等理论，为构建钢铁行业上市公司董事会特征与公司绩效关系的研究模型奠定了理论基础。

1.3.2.4　文献研究法

一般来说，科学研究需要充分地收集资料，进行文献调研，以便掌握有关的科研动态、前沿进展，了解前人已取得的成果、研究的现状等。这是科学、有效、少走弯路地进行任何科学研究工作的必经阶段，文献研究法正是这一阶段的主要研究方法。文献研究法主要指搜集、鉴别、整理文献，并通过对文献的研究，形成对事实科学认识的方法。它是一种古老而又富有生命力的科学研究方法。[①] 本书使用文献研究法系统分析了国内外关于董事会特征与公司绩效关系的研究成果、钢铁行业上市公司董事会特征与公司绩效关系的研究成果、公司绩效评价的研究成果，并在此基础上进行研究。

①《文献研究法》，百度百科，http：//baike.baidu.com/view/1682460.htm？fr=ala0_1_1。

1.4 研究内容与基本框架

1.4.1 主要内容

本书主要包括7章内容：

第1章为导论，主要分析问题提出的背景、选题的理论意义及现实意义，介绍所采用的研究方法、思路、基本框架和创新点。

第2章为相关研究及进展，主要包括四个方面的内容：第一是国外关于董事会特征与公司绩效关系的理论研究，对于目前的研究成果进行重新归类和分析；第二是国内关于董事会特征与公司绩效关系研究领域的相关研究成果，分析研究成果的理论贡献及不足；第三是梳理关于钢铁行业上市公司董事会特征与公司绩效关系的理论研究成果；第四是梳理关于公司绩效评价的相关研究，在借鉴和吸收前人研究成果的基础上构建文章的研究框架及思路。

第3章重点介绍董事会特征与公司绩效关系的相关概念和一般理论。首先界定了研究中的相关概念，如董事会特征、公司绩效等，并在第2章文献梳理的基础上构建了董事会特征指标体系和公司绩效评价的指标体系；其次介绍了董事会存在的理论基础：代理成本理论、资源依赖理论和内部人控制理论，进而指出董事会制度存在的必然性和必要性；最后详细分析了董事会特征对公司绩效的影响机理和表现，为第6章的实证研究构建理论框架。

第4章首先界定了董事会特征的描述变量，共6个维度20个变量；然后以汽车业、有色金属业、石化业和物流业作为对比行业，使用非参数检验方法中的多独立样本单向方差秩检验和SPSS 11.5统计软件对钢铁行业上市公司董事会特征的行业差异性进行判断；其次对2004~2008年钢铁行业上市公司董事会的特征变量进行描述性统计，指出钢铁行业上市公司董事会表现出结构偏大、职能部门设置全面、行为能力较弱、激励深度和广度较低、素质较高、稳定性较高等特征。最后，笔者对钢铁行业上市公司董事会特征指标体系进行了修正，指标体系由原来的6个维度20个变量修正为 5 个维度 17 个变量。

第 5 章对钢铁行业上市公司绩效进行了评价。该章在梳理现有公司绩效评价方法的基础上，选择了因子分析方法作为钢铁行业上市公司绩效评价的主要方法。书中选择了总资产利润率、每股收益（摊薄净利润）、资产收益率、净资产增长率、总资产增长率、营业收入增长率、营业利润增长率、流动比率、速动比率和市盈率共 10 个反映公司绩效的相关指标，通过因子分析提炼出 4 个公因子，分别将其命名为收益能力因子、成长能力因子、抗风险能力因子和市场评价能力因子，为第 6 章的深入研究做了数据准备。

第 6 章是钢铁行业上市公司董事会特征与公司绩效关系的实证分析部分。首先介绍了变量的定义、样本选择、研究的方法和思路等问题；其次根据第 3 章的理论研究和实际调研及观察，提出了董事会特征与公司绩效关系的若干研究假设；最后分别以上市公司收益能力得分、成长能力得分、抗风险能力得分和市场评价能力得分为因变量，以董事会特征为自变量，构建了两者之间的线性和非线性方程，并对实证结果进行了归纳、整理和分析，对所提研究假设进行了实证检验。

第 7 章是研究结论与政策建议部分。在实证检验和经验分析的基础上，得出了钢铁行业上市公司年度董事会会议次数与公司绩效正相关、年度内以通信方式召开的董事会会议次数与公司绩效负相关等若干结论。然后有针对性地提出了改善钢铁行业上市公司董事会治理效率的建议，如确定与公司规模相适应的董事会规模、提高独立董事比例和激励水平、提倡董事长和总经理两职部分分离、全面提高董事会成员素质等若干对策与建议。最后指出了该项研究的局限性及需要进一步研究的问题，为后续研究提供了方向。

1.4.2 基本框架

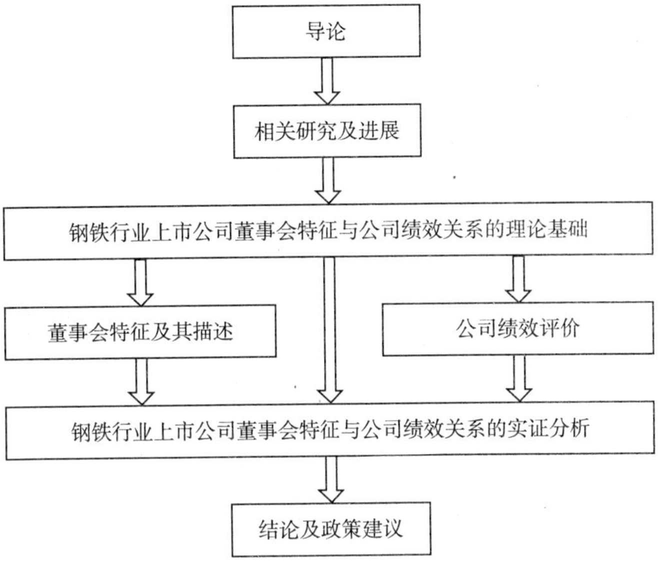

图 1-2　本书的基本框架

第 2 章　相关研究及进展

2.1　国外相关研究及进展

1932 年，Berle 和 Means 指出高度分散的公司股权导致了公司的所有权和经营权的高度分离，两权分离和所有者监督的弱化容易使公司产生“内部人控制”问题，进而损害股东利益。因此，作为监督与约束经理行为的内控工具——董事会制度便应运而生。至此，理论界对于董事会的研究逐渐开始，研究的重点主要集中在董事会的作用、规模和独立性等方面。

2.1.1　董事会的作用与特征体系研究

以委托—代理理论为基础，学者们普遍认为董事会是股东的代理人，主张通过提高董事的独立性来强化董事会的监督职能。Fama 和 Jensen（1983）认为董事会可以协调代理冲突和保护投资者资本，评价首席执行官的业绩和公司的整体业绩自然成为董事会的关键职能。在 1989 年之前的大部分文献都集中在董事会监督职能的研究上。Zahra 和 Pearce（1989）及 Johnson，Daily 和 Ellstrand（1996）构建了董事会特征与作用模型，从董事会构成（包括董事会规模、内外部董事比例等指标）、董事会素质（包括董事的从业背景、性格等指标）、董事会结构（包括领导权结构、委员会结构等指标）和董事会行为（包括董事会会议次数、以通信方式召开的董事会会议次数和董事会会议出席率等指标）四个维度提出了董事会职能主要包括服务、战略及控制等多样性的主张。这一理论模型的提出，不仅客观评价了董事会的职能作用，而且还为继续深入研究董事会问题提供了理论框架。

2.1.2 董事会的规模与公司绩效关系研究

从理论角度对董事会规模与公司绩效关系的研究是从 Lipton 和 Lorsch（1992）开始的，他们虽然也承认董事会规模越大，其控制能力就越大，但他们更认同规模大的董事会必然会发生更多的协调成本，当这一成本大于由于董事会规模增加所产生的收益时，大规模的董事会必然会有损于公司绩效，所以他们提出应限制董事会规模，建议把董事会的规模控制在 10 人以内，最好 8~9 人。Jensen（1993）从组织行为理论的角度出发进行研究，指出如果董事会人数较多，董事之间很有可能发生“相互仇视和报复”等情况，这将会削弱董事会对 CEO 的监督和评价作用，尤其是在董事数量超过 7 个或 8 个时，董事会的作用就会削弱到极点并易受经理层所操控。Yermack（1996）以 1984~1991 年美国的 452 家公司为研究对象，以托宾 Q 值作为公司绩效的衡量指标，从实证的角度研究了董事会规模与公司绩效的关系，其研究结论指出在控制了其他变量的条件下，董事会规模与公司绩效之间呈负相关的凹性曲线关系。Dalton（1999）通过对专门研究董事会规模的 27 项研究成果的综合分析得出结论：公司的董事会规模越大，其公司绩效越好，并且这一现象在小规模公司中体现得更为突出。Kiel 和 Nicholson（2003）以澳大利亚公司为样本，以托宾 Q 的三年平均值为指标进行分析，得出董事会规模与公司绩效成正比的结论。Andres、Azofra 和 Lopez（2005）通过对包括美国在内的 10 个发达国家市场数据的研究发现：董事会规模与公司绩效呈负相关关系，并且随着董事会规模的不断增大，其对于公司绩效的负面影响在逐渐减小。

2.1.3 外部董事比例与公司绩效关系研究

一部分研究文献认为外部董事比例与公司绩效呈正相关关系（Schellenger 等，1989；Pearce 和 Zahra，1992；Daily 和 Dalton，1993）。Rosenstein 和 Wyatt（1990）的研究发现外部董事比例和公司的市场价值显著正相关，这些董事起到了保护股东财富的作用。与此同时，1992 年 Gadbury 报告的发布使学者们的研究重点转移到董事会的独立性上来，该报告提出了上市公司至少应该有 3 名外部董事的政策建议，其后 Dahya 和 McConnell（2005）对拥有至少 3 名外部董事的上市公司进行跟踪研究发现：与公司的前期业绩相比，增加了外部董事的公司其资产利润率（ROA）得到了明显的改善，且其运行成本也明显降低，因此得出了外部董事的增加会改善公司绩效的结论。Tian 和 Lau（2001）的研究将中国原国有企业及其附属机构委派的董事定义为内部董事，其余则为独立董事，研究结果表明内部董事中关联董事多的公司，绩效更好。

另外一些文献的研究结论显示外部董事比例与公司绩效无明显的相关关系（Mallette 和 Fowler，1992；Daily 和 Johnson，1997；Bhagat 和 Black，1999；Hermalin 和 Weisbach，1991；Klein，1998；Dulewicz 和 Herbert，2004）。Peng（2004）通过对中国大型上市公司的研究发现独立董事比例的增加不会改善公司的净资产收益率（ROE）和市场增长率，但附属董事的增加却有助于提高市场增长率。Bhagat 和 Black（2002）研究了美国 934 家公司的数据，实证研究结果表明，外部董事比例与财务指标（ROA 和 ROS）和市场指标（Tobin-Q）呈弱相关关系。A. Agrawal 和 C. R. Knoeber（1996）以独立董事比例作为代表董事会独立性特征的指标，以托宾 Q 作为公司绩效的反映变量，通过实证研究发现，独立董事制度与公司绩效具有负相关关系。

另外，也有学者提出独立董事比例与公司绩效之间的关系比较复杂，不能简单地将其描述为正相关或负相关，如 Yermack（1996）通过对 1970~1980 年美国 266 家主要的大公司的实证研究表明，Baysinger 和 Butler（1985）指出外部董事比例和公司业绩之间存在一种曲线的关系，且其显著性水平较低。

虽然大量文献通过实证研究的方法分析了外部董事比例对于公司绩效的影响，但对提高外部董事比例是否能提升公司绩效仍然没有形成统一的观点。人们普遍认为通过减少内部董事或附属董事的数量来刻意提高董事会的独立性必然会损害公司绩效，因为内部董事或附属董事本身所具有的专业优势和信息优势由于他们的离开而消失了（Fama 和 Jensen，1983；Baysinger 和 Hoskisson，1990）。

2.1.4 董事会的领导权结构与公司绩效关系研究

长期以来，有关董事会领导权结构（即董事长与总经理是否由同一人担任）的争论始终没有停止过。双重领导结构（董事长与总经理两职分离）的支持者认为：两职分离可以降低现代大型公司组织结构的代理成本（Fama 和 Jensen，1983）。例如，Jensen（1993）指出："董事长的职责包括主持董事会会议，并对有关 CEO 的聘任、解雇及薪酬制定过程进行监督，很显然，CEO 由于其个人的利益关系，并不适合同时担任董事长的职务。”Rechner 和 Dalton（1991）在财富 500 强的公司中选择了领导结构保持不变的公司作为研究对象，选择的时间段为 1978~1983 年，通过统计方法分析了领导结构设置与公司绩效的关系，发现两职分离的公司业绩要明显好于两职合一的公司业绩。Pi 和 Timm（1993）以盈利能力作为衡量公司业绩的指标，以银行业中企业为研究对象，发现该行业中两职分离的领导权结构的公司的盈利能力比两职合一的领导权结构的公司的盈利能力强。然而，一元领导结构（董事长与总经理两职合一）的支持者对上述观点提出了批评。例如，Brickley（1994）从四个方面讨论了双重领导结构的缺陷，指出两职分离至少为公司带来四个方面的成本，即代理成本、信息成本、转制成本及其他成本，并通过实证研究发现领导权设置合一或分离对公司业绩的影响不会有太大差别，最起码采取双重领导结构的公司的业绩并不比采取单一领导结构公司的业绩好。但是 Moyer 和 RAO（1992）在使用 MVA 与 EVA 作为绩效测量指标时，发现不同领导结构与业绩之间只存在很小的差异。

2.1.5 董事薪酬、股权激励与公司绩效关系研究

董事薪酬主要包括聘请费、会议费、股票收益或股票期权等形式。目前，关于董事薪酬、董事持股和公司绩效相关性的研究中，还没有形成一致的结论。例如，Hempel 和 Fay（1994）研究发现外部董事的薪酬水平与董事会规模和会议频率有关，与公司绩效无关。而 Boyd（1994）却指出公司绩效与董事薪酬显著相关。美国的两项专门针对董事股票收益的研究虽然得出的结论有所不同，但它们却共同认为公司绩效决定了董事薪酬水平。Cordiero 和 Eramus（2000）使用了 1999 年的调查数据，对公司绩效是否决定董事薪酬进行实证研究，得出了公司绩效与董事薪酬显著正相关，并且公司成长速度越快，董事股票收益就会更多的结论。Cordeiro（2000）提出了相反的观点，他认为当公司处于成长期时，股票收益的作用主要是激励董事努力工作，但这并不能解释董事的努力对于成长型公司比衰退型公司更加重要的原因。另外，Vafeas（1999）通过对有董事激励计划和没有董事激励计划的大型公司样本进行对比研究发现，董事股票激励计划与公司绩效之间没有显著的相关关系。Fernandes（2005）通过对葡萄牙的企

业研究发现：只有在董事会成员都是内部董事的时候，董事薪酬与公司绩效之间才显现出相关关系。

根据以上分析我们不难总结出国外关于董事会特征与公司绩效关系的文献研究的共同点：①在研究方法上基本均采用了经验研究与实证研究相结合的方法，通过经验研究提出相关理论假设，并使用上市公司的数据进行检验，最后得出相关结论。②在理论研究框架上，基本都接受并使用了Zahra和Pearce（1989）构建的董事会特征与作用模型，所有的研究均是按照董事会构成、董事会结构、董事会素质和董事会行为特征四个维度展开的，有整体研究，也有专项研究。③关于董事会特征的研究文献更多的是集中在董事会的独立性的研究上，无论是研究外部董事与内部董事的比例的文献，还是研究董事会领导权设置的文献，其主要目的都是通过提高董事会的独立性来改善董事会的治理效率，进而提高公司绩效，这已经成为研究的主流方向。

2.2 国内相关研究及进展

在由“股东大会中心主义”到“董事会中心主义”的制度转变过程中，董事会内部制衡机制的构建无疑是影响公司治理效率的最重要的一环（马俊驹和聂德宗，2000）。董事会作为公司内部控制工具，其在治理层面上保证了公司的权益资本和管理雇佣契约的实现。对于股东来说，在所有权和经营权分离的情况下，其很难亲自参与公司管理，这样股东们倾向于将他们的决策控制权赋予董事会，让其作为代理人完成控制和监督经理层的任务。近年来，西方发达国家也大都将董事会制度的改革置于公司治理改革最重要的地位，关于董事会的理论研究也随之展开，并向纵深发展，关于董事会特征与公司绩效关系的研究正是这一研究领域的主流部分。国外研究的模式为国内研究提供了可供借鉴的样本，所以国内研究基本都是从董事会的量化特征出发，包括从董事会规模、独立董事规模、董事会会议次数、董事会领导权结构和董事会专业委员会设置等几个方面和维度来研究董事会特征对公司绩效的影响，笔者将现有研究成果梳理如下。

2.2.1 董事会规模与公司绩效关系研究

董事会规模是指公司董事会中的董事人数。对于董事会规模与公司绩效关系目前主要有两种观点：一种认为董事会规模与公司绩效呈负相关关系，如孙永祥和章融（2000）用实证方法研究了 1998 年 12 月 31 日在上交所与深交所上市的 519 家 A 股公司，选择托宾 Q、总资产收益率、净资产收益率作为因变量，公司规模、多元化经营数量作为控制变量，董事会规模作为自变量，对其进行了回归分析。结果发现，我国上市公司董事会规模与公司绩效之间存在负相关关系，董事会规模越大，公司绩效越差，因而提倡在我国董事会规模不应过大，否则会降低上市公司绩效。沈艺峰和张俊生（2002）以 ST 公司为研究样本，其研究结果表明董事会规模过大致使 ST 公司董事会治理失败，进而不利于公司绩效的提升。朱杏珍（2002）运用集对数学（SPA）的理论进行推算，认为董事会群体的规模以 5 人为宜。另一种观点是董事会规模与公司绩效的关系比较复杂，不能简单地用反比和正比来下结论，如胡铭（2003）考察了 250 家上市公司样本，以净资产收益率（ROE）和每股收益（EPS）分别作为因变量，董事会规模作为自变量，研究结论表明董事会规模极大或极小的公司，其都倾向于拥有较高的每股收益（EPS）和净资产收益率（ROE）。

2.2.2 领导权结构与公司绩效关系研究

这里的领导权结构定义为董事长与总经理的两职设置状况，即董事长与总经理的两个职务在多大程度上得以分离，设置状态有三种：两职合一、两职分离和两职部分分离。对于领导权设置与公司绩效关系的研究可以总结成三种不同的观点。第一种观点认为两职设置状态与公司绩效无关，如吴淑琨、柏杰和席酉民（1998）以上海证券交易所上市的 188 家样本公司为研究对象，分析了工业企业、商业企业等四种行业两职设置状态与公司绩效的关系，其结果表明两职是否合一与其绩效之间并没有显著的联系。第二种观点是两职合一有利于公司绩效的提升，如孙铮、姜秀华和任强（2001）以 1996 年以前上交所的 287 家公司为研究对象，用统计分析的方法研究了两职设置状况与公司绩效的关系。结果表明，“好公司”的共同特征是上市公司的关键人物在兼任母公司的董事长、总经理或党委书记，这说明两职合一与公司绩效正相关。第三种观点是两职分离有利于公司绩效的提升，如胡铭（2003）选择了 250 家样本公司，以净资产收益率 ROE 和每股收益 EPS 作为公司绩效的衡量指标，得出了董事长与总经理两职分离有利于提高上市公司经营绩效的结论。

2.2.3 董事会独立性与公司绩效关系研究

国内对于董事会独立性的关注是从 2001 年强制引进独立董事制度开始的，[①] 因此对于董事会独立性的研究也是围绕独立董事制度进行的，在独立董事的有效性及与公司绩效的关系方面，学者们从独立董事比例、独立董事薪酬及独立董事专业背景等角度做了深入的研究。

在独立董事比例与公司绩效的正负性关系的研究中，学者们多数采用了资本市场的数据，用实证分析的方法得出研究结论。高明华和马守莉（2002）通过对 2001 年 83 家已设立独立董事的上市公司的研究发现，独立董事比例和净资产收益率以及每股收益仅有微弱的正相关关系（回归估计系数为正但不显著）。于东智和王化成（2003）的研究结论也认为，独立董事制度和公司绩效只有非常弱的相关关系或相反关系。钟田丽、贾立恒和杜淑洁（2005）通过对 120 家上市公司独立董事比例与自愿披露程度的相关性分析，得出独立董事比例的提高能够强化董事会的客观性和独立性，从而提高公司绩效。王跃堂、赵子夜和魏晓雁（2006）研究结果表明，自 2002 年全面实行独立董事制度以后，董事会的独立性对公司绩效有显著的促进作用，独立董事比例和公司绩效在单一方程和联立方程中都存在显著的正相关关系，而且这种相关性会受到股权制衡程度的影响。关于独立董事的背景，只有声誉对绩效的促进作用同时通过了两类方程的显著性检验，而经济管理背景、行业专长以及政治关系与公司绩效并无相关性。此外，还有一部分文献得出了自愿设立的独立董事的比例和公司绩效不相关的结论，但他们并不认为独立董事可有可无，因为独立董事对公司绩效的作用可能是滞后的（胡勤勤和沈艺峰，2002）。

---

① 2001 年 8 月 21 日，中国证监会发布了《关于在上市公司建立独立董事制度的指导意见》，标志着中国上市公司独立董事制度正式启动。详见鲁桐：《独立董事制度的发展及其在中国的实践》，《世界经济》2002 年第 6 期，第 3~12 页。

2.2.4 董事激励与公司绩效关系研究

对于董事的激励主要采取薪酬给付和董事持股两种方式，目前对于董事激励的文献主要集中于独立董事的激励问题。谭劲松（2003）认为，应该给予独立董事足够的激励，否则独立董事就会失去工作动力，同时，独立董事的工作与公司绩效密切相关，因此主张提高独立董事待遇，并与公司绩效挂钩，采取包括提高独立董事底薪和向独立董事提供股票期权等措施在内的手段，来增加独立董事的工作动力。廖洪（2003）对我国独立董事的激励现状进行了实证考察，发现我国独立董事的激励机制处于一种无效状态，然后设置了一个独立董事激励的理想模型。① 贺武和刘平（2005）在对我国独立董事激励现状进行定性分析的基础上，从薪酬、声誉、控制权等方面探讨了完善我国独立董事制度的方法和路径。何问陶、黄莹（2006）建立了独立董事与公司高管之间的完全信息静态博弈和动态重复博弈两个模型，从博弈的角度分析了独立董事制度失效的原因，并提出了改进建议。另外，Anish Shah（2004）在实验框架下检验了董事会成员激励对股东财富和 CEO 报酬的影响，以及该报酬与公司绩效之间的敏感度，发现薪酬与业绩之间的敏感度随着董事持股比例的增加而上升。他同时还发现，当大股东作为董事会成员时，经济体所产生的财富更大；而当 CEO 选择董事时，结果是缺乏效率的。

2.2.5 董事会素质特征与公司绩效关系研究

董事会素质特征主要指董事的性别、年龄、知识结构、职称及行业背景等。目前对于董事会的研究文献多数集中在董事会规模、独立董事比例等可量化指标与公司绩效方面的研究，对于董事的年龄、专业背景方面的

① 该模型的假设前提是独立董事均为经济人，其在履行职责时必然要考虑到自己的成本与收益，只有当其收益大于或等于成本时，他们才可能勤勉工作。模型假设独立董事的收益就是效用 U，其函数表示为 U = U（R，Con，P），其中，R（Reputation）指独立董事由于履行了职责而得到的赞誉和肯定；Con（Control）指由于控制权或知情权的获取使独立董事更多地体验到自身价值的提高；P（Payment）指独立董事获得的津贴。独立董事的成本是 C，其函数为 C =（Ct，Ce，Cr）。其中，Ct 表示独立董事履行职责所放弃的其他机会收入；Ce 表示独立董事为了履行职责而去熟悉公司业务，阅读公司文件以及为搜寻真实信息等所花费的成本；Cr 表示独立董事可能因连带责任被提起诉讼所支付的经济赔偿费用。独立董事会对上述成本与收益进行权衡，只有 u≧c 时，独立董事才可能做到诚信勤勉。参见廖洪：《我国独立董事激励机制研究》，《财政监督》2003 年第 9 期，第 51~53 页。

研究还比较少见。在国内的相关文献中，主要是针对独立董事的年龄、专业背景等进行研究。岳清唐（2003）通过对2002年7月30日的500家上市公司独立董事的年龄、专业、学历构成、从业背景的统计分析发现，独立董事的上述指标基本符合国家规定，从而使我们对独立董事各指标有了一个量化。唐清泉、罗当论和张学勤（2005）针对我国上市公司聘请过多来自学术界的独立董事是否有效的疑虑，从实证的角度研究了不同职业背景的独立董事与公司绩效的关系。研究结果表明，没有哪一种职业背景的独立董事对公司绩效的影响有更好的表现。只有在公司既聘请来自企业界，又聘请来自非企业界的独立董事，且比例均衡的情况下，独立董事对公司绩效的影响才有更好的表现。因此，我国上市公司聘请来自学术界的独立董事是具有理性的，不只是为了利用他们的声誉与“花瓶效应”。

毫无疑问，国内这些研究成果应用不同的方法、不同视角对董事会特征与公司绩效的关系进行了大量的理论与实证研究，虽然结论并不一致，但却极大地丰富了这一领域的研究成果，拓宽了研究范围及视角，推进了董事会治理乃至公司治理改革的进程。不过也存在着一些局限。首先，案例研究方法很少应用。现有研究多是使用上市公司的数据进行实证研究，研究结论不免有些抽象，如果在实证研究的基础上，能够配合使用案例研究，这样就可以使抽象的数据、假设及检验具体化。其次，研究对象比较笼统，需要细化。现在所有的研究基本是按照上市公司最简单的分类（按照产权形式的不同，分为国有企业和民营企业）进行的，而且研究均集中在国有企业上，对于民营上市公司、外资公司董事会特征与公司绩效关系的研究很少。最后，分行业研究成果相对缺乏。董事会由于行业不同会表现出不同的特征，它与公司绩效之间的关系必然不同，所以，非常有必要分行业研究董事会的特征及其与公司绩效的关系。而现实却是分行业的研究比较少，这在一定程度上限制了理论研究成果的应用。

2.3 钢铁行业上市公司董事会特征与公司绩效关系研究

国际上关于钢铁企业董事会特征与公司绩效关系的研究比较少，

Deqiang Liu 和 Keijiro Otsuka（2004）选择国有钢铁企业和民营钢铁企业作为研究样本，共收集了 1995~1999 年的 108 个样本，其中国有企业 59 家，民营企业 49 家，通过对比研究的方法分析了两类钢铁企业在管理层激励、能力和效率方面的不同，得出了国有钢铁企业的改革促进了公司治理能力的提升，进而提高了公司绩效。Peter B. Warr 和 Miichael W. Bird（1965）用实证的方法分析了来自 BISF（英国钢铁联合会）[①] 的 106 家钢铁企业管理者的特征，发现企业类型不同，其对管理者的选择标准也不同，管理者所表现出来的特征也就不同。

钢铁行业是国民经济的基础性行业，其公司绩效的高低影响着整个国民经济的运行效率，所以本书选定钢铁行业作为研究对象，进一步细化董事会特征与公司绩效关系研究的应用领域。遗憾的是，笔者通过文献研究发现对于钢铁行业上市公司董事会特征与公司绩效关系的研究成果非常匮乏，通过检索中国学术期刊网、维普和万方等数据库资源仅查到 6 篇专门研究钢铁企业董事会的文献。华伟（2007）在《宝钢试点董事会改革》中详细介绍了央企董事会改革的历程以及宝钢在董事会改革中的有益尝试。葛文雷和吴彦（2008）以钢铁行业的 31 家上市公司为样本，用因子分析法计算出样本公司的绩效得分，以董事会规模、独立董事比例和两职兼任状况作为董事会特征的描述变量，探讨了钢铁行业上市公司董事会特征与公司绩效的关系，指出董事会规模与公司绩效呈负相关关系，两职状态和独立董事比例与公司绩效的相关性不大。黄陆军（2004）、王庆军（2005）指出，独立董事独立性不强、信息不对称及缺乏激励和约束机制是阻碍钢铁行业上市公司独立董事发挥作用的原因，并在此基础上提出了相应的对策。晏青（2005）、谢企华（2006）从定性的角度简单评析了宝钢董事会改革的实践。

通过梳理关于钢铁行业上市公司董事会特征与公司绩效关系的文献，不难发现其共同点就是均出现在 2004 年之后，且这些文章基本都是描述性、心得性的，缺乏系统性，其学术价值不高。这也恰恰说明了 2005 年宝钢建立了国内第一家“4 + 5”模式的新型董事会之后，拉开了国内钢铁企业董事会研究的序幕。而在此之前，对于该问题的研究基本处于空白状态，目前我国仍处于比较初级的研究阶段。所以，本书以我国钢铁行业上

① BISF 的全称为 British Iron 和 Steel Federation，中文含义是英国钢铁联合会或英国钢铁同盟。

市公司董事会特征为对象，通过实证研究方法重点分析董事会特征与公司绩效之间的关系，为我国钢铁行业上市公司的董事会建设甚至是央企董事会建设提供些许思路和建议。这既可以填补理论研究的空白，也可以全面梳理并改善钢铁行业上市公司的董事会特征，具有较强的理论和实践意义。

2.4 公司绩效评价研究

以美国为代表的西方国家对公司绩效评价问题的探索已经持续了百年之久，该理论研究的发展，完善了公司绩效评价方法与技术。20 世纪 30 年代英国管理专家罗斯和美国管理咨询大师詹姆斯·麦金西提出了应对企业进行定期的经营管理状况评价的思想。20 世纪 50 年代杰克逊·马丁德尔在前人研究的基础上提出了一套相对完整的管理能力评价指标体系，该指标体系包括公司社会贡献、董事会业绩分析、公司财务政策、公司生产效率等指标。80 年代，美国管理会计委员会发布了“计量企业业绩说明书”，该说明书从财务管理的角度提出了每股盈余、净收益、投资报酬率、现金流量等 8 项计量企业经营绩效的指标。克莱夫·伊曼纽尔博士和戴维·奥特利博士提出了“权变业绩计量”体系。该体系是在权变理论的基础上设计出来的，由 17 项指标构成，它首次将生存能力、应变能力纳入绩效评价的范围，从而使评价结果能够反映企业的生命力，是一种更加综合的评价方法。

20 世纪 90 年代我国开始了对企业绩效评价问题的研究，该项研究起初是围绕着国有企业进行的，目前已经形成一套完整的国有企业绩效评价体系。[①] 池国华和迟旭升（2003）在分析现有评价系统优缺点的基础上对我国上市公司经营绩效评价系统提出建议，指出公司绩效评价体系应该从评价程序的确立、指标体系的选择和评价方法的确定三个方面加以改进。温素彬（2007）基于可持续发展观构建了公司的三重绩效模式和“战略、

① 该体系是从所有者的角度，以工商类竞争型企业为评价对象进行设计的，其从财务效益状况、资产运营状况、风险能力状况和发展能力状况对企业绩效进行评价。该指标体系由三层次共 32 项指标组成。具体参见姚海鑫：《财务管理》，北京：清华大学出版社，2007 年版，第 423 页。

流程、能力”相结合的矩阵式企业绩效评价指标体系，该指标体系充分考虑了投资者、政府、客户、供应商等利益相关者的利益，体现了经济、社会和生态三种价值取向。由于绩效评价具有行业特征，所以，分行业的研究逐渐显现。顾文炯（2005）采用因子分析的方法对农业上市公司绩效进行评价，以 2004 年的 18 家农业类上市公司为样本，选择了销售净利率、主营业务利润率等 15 个财务指标，从企业经营能力、盈利能力、偿债能力和资产质量四个方面对农业类上市公司绩效进行了综合评价。朱正伟（2003）以 2001 年沪、深两市钢铁类 35 家上市公司为样本，选取了净资产收益率、每股收益等 8 个指标，使用主成分分析法评价了钢铁行业上市公司的综合绩效，结论指出我国钢铁行业整体效益不景气、各上市公司综合效益差异大等现状。徐辉和张文静（2007）选取了 2005 年 25 家钢铁类上市公司的总资产报酬率、净资产收益率等 7 个指标，运用主成分分析法提取了 3 个公因子，将其命名为盈利能力、偿债能力、营运能力，从这三个方面对业绩进行了综合评价，并提出了进行产业整合是改进公司绩效的主要途径。吴峰霞和吴锋伟（2008）选取了 12 个财务指标，采用主成分分析法对我国钢铁行业上市公司 2006 年的财务绩效进行了评价，得出了钢铁行业上市公司综合绩效整体较好、企业核心能力较为接近、财务管理目标呈现内外两极分化等结论，并在此基础上提出了建立企业合适的盈利和成长方式，提高现有资源的营运管理效率以实现企业可持续盈利，树立以营运和成长能力相互协调的财务管理目标等对策。

由于样本选择不同，各种评价方法对原始数据的处理、权数的确定和计算方法的不同，使公司绩效评价结果存在着较大差异。本书在对公司绩效评价文献研究的基础上，采用因子分析方法，从收益能力、成长能力、抗风险能力和市场评价能力四个方面对公司绩效进行评价，为研究董事会特征与公司绩效的关系做好数据准备。

2.5 本章小结

本章使用文献研究的方法首先系统分析了董事会特征与公司绩效关系的国外的研究成果。经笔者研究发现，经验研究与实证研究相结合，采用

Zahra 和 Pearce（1989）构建的董事会特征与作用模型作为研究框架等是此类文献的共同点。其次，分析了董事会特征与公司绩效关系的国内的研究成果，指出研究的不足主要体现在案例研究方法应用较少，研究对象比较笼统等方面。再次，本章分析了国内外钢铁行业上市公司董事会特征与公司绩效关系的研究成果，指出该领域的研究成果较少，研究水平仍处于初级阶段。最后，简单分析了公司绩效评价的相关研究，在此文献研究的基础上确定了因子分析法为本书研究公司绩效评价的基本方法。

第3章 概念界定及理论基础

3.1 相关概念的界定

3.1.1 董事会的产生、含义与职责

在市场经济的自然发展状态下，董事会制度是随着现代企业制度的发展而内生的。20世纪初，在英、美等国家，由于公司股权日趋高度分散，公司的所有权与控制权分离，公司实际运作逐步控制在经理层手中，委托—代理关系达到极端状态，公司治理问题备受关注。一方面，公司所有者（股东）要求经营者（经理层）追求股东利益最大化；另一方面，公司的经营者作为经济人，也在追求自身利益最大化。这样，当公司的整体利益和经营者的个人利益发生冲突时，就存在经营者滥用控制权来满足自身利益而损害公司利益，并进而损害公司所有者利益的情形。因此，为了有效地防范公司经理层的不当行为，保障自身合法权益，股东有必要采取各种方式来行使对经理层的监督权，解决委托—代理关系中存在的问题，这也是董事会制度得以产生的现实基础。

公司治理是现代企业制度中最重要的架构，而董事会在这一架构中起着至关重要的枢纽作用，因为它一方面是所有者的代理人，代表所有者的利益；另一方面，它又是企业经理层的委托者，负责经理层的监督与激励。所以，对于董事会的研究已经成为一个新兴且热门的研究领域。根据各国公司法的相关规定可知：董事会是由股东大会选举产生的、由不少于法定人数的董事组成的、代表公司行使其法人财产权的会议体机关。从微观上讲，董事会也是依照有关法律、行政法规和政策规定，按公司或企业

章程设立并由全体董事组成的业务执行机关。董事会负责公司和业务经营活动的指挥与管理，对公司股东会或企业股东大会负责并报告工作。股东会或职工股东大会所作的决定公司或企业重大事项的决策，董事会必须执行。

尽管董事会制度具有形式上的差异性，但在董事会应具备的职责方面，人们的认识却基本一致，即董事会应具有战略决策和监督管理的双重职责，而不具体掌控公司的日常经营。经济合作与发展组织（OECD）在其制定的《公司治理原则》中也强调，公司治理机制应确保董事会对公司的战略性指导和对管理人员的有效监督，并确保董事会对公司和股东负责。NACD 对董事会职责的定义为：行使监督职能、确保法律规定被遵守、保护利益相关者的权益、服务于股东的利益，并认为要确保这些主要职责得到认真履行，董事会成员应在全面了解情况的基础上，诚实、勤恳、细致地进行工作，最大限度地维护公司和股东的利益；董事会的决议对不同股东团体可能会有不同的影响，董事会应公平对待所有股东；董事会应保证与适用法律一致，并考虑利益相关者的权益；董事会应能够对公司事务进行独立的客观判断，特别是要独立于经理层；为完成应尽的责任，董事会成员应当能够及时、准确地获取相关信息。

3.1.2 董事会特征的含义及其表现

董事会特征是指反映董事会特点的征象和标志，是董事会内在性质的表现，是其治理作用得以有效发挥的基础。随着对董事会及其制度研究的深入，很多学者开始更为精细地研究董事会的独立性，董事会的年龄结构、性别结构，董事会的规模，董事会的职权类型等各个反映董事会特征的变量，并得出了一些具有意义的结论。在对国内外相关文献进行梳理的基础上，我们发现 Zahra 和 Pearce（1989）最先构建了董事会特征与作用模型，从董事会构成、董事会素质、董事会结构和董事会行为四个维度对董事会特征进行了描述。随着研究成果的不断丰富，董事会特征的描述指标也越来越多，在综合前人研究成果的基础上，本书将董事会特征指标进行归类整理，具体分类如图 3-1 所示。

一级指标　二级指标　三级指标

- 董事会特征
  - 结构特征
    - 董事会规模
    - 独立董事规模
    - 独立董事比例
  - 构成特征
    - 审计委员会
    - 薪酬与考核委员会
    - 战略委员会
    - 提名委员会
    - 董事长与总经理两职设置
  - 行为特征
    - 年度董事会会议次数
    - 年度内以通信方式召开的董事会会议次数
    - 董事会会议的出席率
  - 激励特征
    - 金额最高的前三名董事的报酬总额
    - 独立董事年平均津贴
    - 持有本公司股份的董事总人数
    - 董事会持股比例
    - 领取报酬的董事总人数
    - 董事人均报酬
    - 董事长持股比例
  - 素质特征
    - 董事平均年龄
    - 董事性别比例
    - 董事学历水平
    - 董事职称结构
  - 稳定性
    - 董事长是否变更
    - 董事会成员是否变化

图 3–1　董事会特征指标体系

3.1.3　公司绩效的含义及其评价

3.1.3.1　公司绩效和公司绩效评价的含义

绩效也称为业绩、效绩等，它反映了人们从事某一活动所取得的成绩或成果。而公司绩效综合反映了公司经营活动的成效，是公司在一定时期内利用其有限资源从事经营活动所取得的成果，是公司管理层工作效率的主要体现。

公司绩效评价是指运用数理统计和运筹学方法，采用特定的指标体系，对照统一的标准，按照一定的程序，对公司一定经营期间的经营效益做出客观、公正和准确的综合评判，具体包括盈利水平、财务效益、风险能力、市场表现和发展能力等方面。公司绩效评价是公司管理的重要内容，公司经营的好坏，管理者、职工是否得到奖惩，市场投资者的判断等，都需要依据公司绩效评价的结果来判断。

3.1.3.2 公司绩效评价的方法

（1）杜邦财务分析。

杜邦财务分析评价体系是由美国杜邦公司创造的财务分析方法（The Du Pont System）。该体系是一种分解财务比率的方法，从评价企业绩效最具综合性和代表性的净资产收益率指标出发，利用各主要财务比率指标间的内在有机联系，对企业财务状况及经济效益进行综合、系统的分析评价，其以净资产收益率为龙头，以资产净利率和权益乘数为核心，重点揭示企业获利能力及权益乘数对净资产收益率的影响，以及各相关指标间的相互作用关系。同时，该体系还层层分解至企业最基本生产要素的使用、成本与费用的构成和企业风险，揭示指标变动的原因和趋势，满足经营者通过财务分析进行绩效评价需要，在经营目标发生异动时能及时查明原因并加以修正，为企业经营决策和投资决策指明方向。该体系摆脱了指标的表面比较，但从企业绩效评价的角度来看，杜邦分析法只包括财务方面的信息，不能全面反映企业的实力，有很大的局限性，如对短期财务结果过分重视，无法解决无形资产的估值问题，所以在实际运用中需要加以注意，必须结合企业的其他信息加以分析。

（2）经济增加值评价法。

经济增加值（Economic Value Added）或称 EVA 指标，由 Stern Stewart 公司于 20 世纪 90 年代初提出。该指标是对公司剩余收益进行适当的调整后的经济价值指标。EVA 可以被定义为：公司经过调整的营业净利润减去该公司现有资产经济价值的机会成本后的余额。[①] 简单讲，EVA 的计算公式为：

$$EVA = 公司税后净营业利润 - 债务和股权成本 \tag{3.1}$$

EVA 实质上是所有成本被扣除后的剩余收入，是一种真正意义上的“经济利润”，如果公司的经营收入在扣除所有成本和费用后仍然有剩余，

① 陈前:《基于我国上市公司经营业绩评价的实证分析》,成都:西南交通大学硕士学位论文，2006年。

则 EVA 为正，股东就是这部分剩余收入的所有者。因此，当 EVA 为正时，公司价值随股东价值的增加而上升；反之，则会使公司价值减少。可见，EVA 系统可以提供一个以价值为基础的、可以用于对企业的经营战略与资本项目进行评价、制定经理业绩目标、对经理的业绩进行计量并作为支付薪酬依据的业绩指标。该系统提供了一个包含财务会计、管理会计和公司估价理论在内的统一财务框架。

（3）平衡计分卡。

平衡计分卡（Balaneed Seore Card，BSC）是由哈佛商学院的罗伯特·S.卡普兰（Robert.S.Kapaln）和诺朗诺顿研究所所长大卫·P.诺顿（David P. Norton）经过为期一年对在绩效测评方面处于领先地位的 12 家公司的研究后发展出的一种全新的组织绩效考核方法，它打破了传统的只注重财务指标的业绩管理方法，认为传统的财务会计模式只能衡量过去发生的事情，在信息社会里，传统的业绩管理方法并不全面。组织必须通过在客户、供应商、员工、组织流程、技术和革新等方面的投资，获得持续发展的动力。BSC 绩效考核体系主要用于考评企业在财务、客户、内部营运以及学习与成长四个方面的绩效。由于该体系能综合反映和兼顾企业长短期目标、财务和非财务指标、滞后和先行指标以及外部与内部等多方面的综合绩效考核情况，能促使公司更注重根据公司的发展战略目标确定和开展公司的日常工作，因而在世界上得到了广泛的应用。

（4）单一财务指标的评价方法。

单一财务指标评价设计简单，意义明确，没有烦琐的计算步骤，至今仍被人们大量使用，成为公司绩效评价中最简单实用的评价方法。每股收益、资产收益率、净资产收益率、托宾 Q、资产负债率、资产周转率等是人们常用的财务指标。其实公司经营活动的好坏往往都可以通过会计报表上的数据加以反映，财务数据本身就是对公司经营绩效的评价。如每股收益是指本期净利润与本期发行在外的普通股总数的比值，它是测定股票投资价值的重要指标之一。该比率反映了每股创造的税后净利润，比率越高，表明所创造的税后净利润越多。资产收益率是企业净利率与平均资产总额的百分比，表明企业资产利用的综合效果。指标越高，表明资产的利用效率越高，说明企业在增加收入和节约资金使用等方面取得了良好的效果。投资报酬率作为监控资产管理和经营策略有效性的工具，反映了投资的有效性。但单一指标难以满足对公司绩效的全面评价和判断的要求，所以本书不采用单一指标进行绩效评价。

3.1.3.3 钢铁行业上市公司绩效评价的体系

本书所说的公司绩效是具有综合性的，不是单纯评价公司的财务绩效，而是从管理的角度对公司的经营状况进行全面评价，包括公司的盈利水平、财务效益、风险承担能力、市场表现和发展能力等。根据本书对于公司绩效概念的界定，同时考虑到钢铁行业上市公司的国有属性，笔者又借鉴了中国财政部、原国家经贸委等机构联合颁布的《国有企业绩效评价体系》，再结合文献梳理的结果，确定了钢铁行业上市公司绩效评价体系的基本框架，详情见图 3–2。

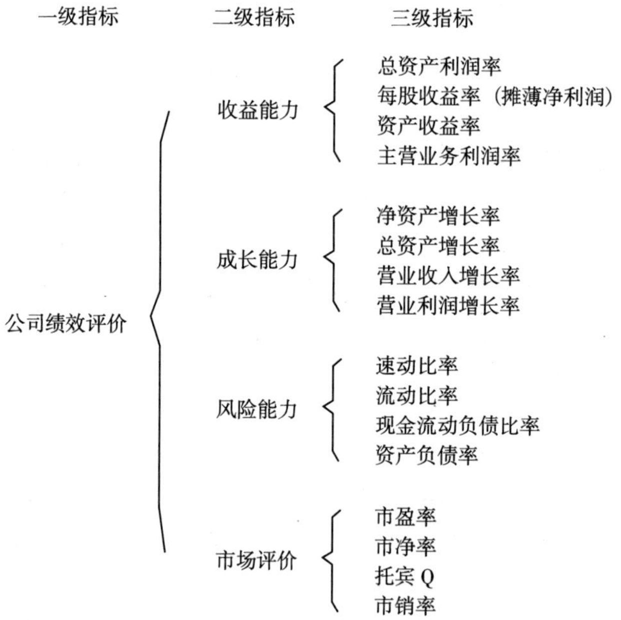

图 3–2 公司绩效评价体系

3.2 董事会特征与公司绩效关系的理论基础

董事会作为现代公司制企业中一项十分重要的制度安排，其由股东大会选举产生，对股东大会负责，由法定人数组成，代表公司行使其法人财产权。董事会具有服务功能、战略功能和控制功能，它通过这些功能的实现来提高公司的治理水平和效率，进而提高公司绩效，而其功能能否有效发挥在很大程度上取决于董事会特征的科学合理性。对于董事会特征与公司绩效关系的研究主要有以下三种理论观点。

3.2.1 代理成本理论

科斯的交易费用理论认为，企业通过组织行为来代替价格机制配置企业内部资源，以降低交易费用，即企业是对市场的替代。而这一替代是以代理人的出现及由此产生的约束、激励成本，即代理成本为代价的。董事会作为股东的代理人，其主要职责就是监督和评价经理层。所以，代理成本理论认为，人具有有限理性，即经理层的目标是满足自身利益而非实现公司利润的最大化（Fama 等，1983）。那么董事会就应该更多地关注和保护股东的利益，减少代理成本，因此，董事会制度就应该能够协调这些代理冲突，以达到提升公司绩效的目的。所以，代理成本理论认为董事会最为明确的任务就是削减代理成本和提升公司价值，也是董事会通过有效运作达到提高公司绩效的主要体现。所以，作为董事会内在性质表现的董事会特征与公司绩效存在某种相关关系这一推论正是代理成本理论的逻辑延伸。

3.2.2 资源依赖理论

资源依赖理论属于组织理论的重要理论流派，是研究组织变迁活动的一个重要理论。该理论指出一个组织要达到存活的目标，就要想办法减低对外部关键资源供应组织的依赖程度，并且寻求一个可以影响这些供应组织之关键资源能够稳定掌握的方法。它强调组织体的生存需要从周围环境中吸取资源，需要与周围环境相互依存、相互作用才能达到目的。因此，该理论将为减少环境的不确定性而提供信息和获取公司运作的资源看做是董事会的基本责任，其理由是董事有助于发展公司与其他环境要素之间的联系。因此，公司为了增进公司积聚资本的能力，需要邀请新董事加入董事会，并通过新董事在社会中的威望以应付外部环境的威胁。资源依赖理论将董事分为内部董事和外部董事，外部董事进一步细分为管理型专家、支持型专家和社团影响者三类。这三类外部董事通过加入董事会，能为董事会搭建一个与外部资源（智力资源、资金资源和政治资源等）联系的平台，通过这些资源的引入，进而提供公司治理效率和公司绩效。很多实证研究的结论均为资源依赖理论提供了支持。如 Pfeffer（1972）选取了 80 个制造业企业作为样本，通过实证研究发现，如果公司对财务需求相对较大，其董事会成员中往往有更多的银行家，并且外部董事和律师的比例相对更高。Pfeffer（1973）又对 55 家医院进行了类似的研究，发现在那些经营中更多使用政府资金的医院，在选择董事时更重视候选人的政治背景。为此，该理论支持董事交叉任职。

3.2.3 内部人控制理论

在股权高度市场化的今天，公司的所有权和经营权普遍分离，公司的所有权归股东所有，公司的经营权归经理层所行使，如果股东无法实现对经理层的有效监督的话，公司的运营权和控制权实际上是被经理层掌握着，这样，内部人控制理论就应运而生。该理论认为，在股东监督弱化或无效的情形下，董事会并非事实上的治理团体，而只是法律意义上的一种公司组织形式，因为董事会对于遏制经理层和股东之间的代理问题是无效的。随着资本市场的发展和公司规模的不断扩大，公司的股本也必然增加，公众投资者持有公司股份的比例将会有所上升，从而稀释了大股东对公司控制力，这间接增加了提供给经理层的控制公司的决策权，经理人员为了追求自己的目标必然发生机会主义行为，如经理层通过控制董事会成员的选择程序来获得对董事的选择权，这样形成了众所周知的"内部人控制"问题。著名学者 Pfeffer（1972）指出，由于在多数情况下董事会成员由经理人员挑选，所以经理层在某种程度上控制着董事会。由于经理人是"自利"的经济人，受其自我利益偏好的驱动，在进行经营决策时，经理层会更倾向于追求自己目标的实现，而忽视或无视股东利益。董事会作为一种法律意义上的组织形式对此无能为力。

3.3 董事会特征影响公司绩效的机理及表现

3.3.1 董事会特征影响公司绩效的机理

根据3.2节介绍的董事会特征与公司绩效关系的理论基础，我们发现董事会在公司治理结构中起到了承上启下的作用。其对上承接股东的委托，对公司重大问题进行科学的决策；对下监督公司高层管理者的经营活动，是股东与经营者之间的中介。在现代公司中，董事会拥有除剩余索取权和少数几项最终的决策权外的所有股东权益，因此实际上是董事会在股东授权范围内受托经营公司的财产，保证公司绩效的实现。董事会主要通过服务功能、控制功能和战略功能影响公司绩效。

首先董事会通过召集或主持股东大会、董事会会议等服务活动，可以提高公司的地位、声望，并在决策过程中考虑到社会利益以及决策的科学性，保证公司的生存。其次董事会通过遴选高级管理层；监督、评估管理层的业绩，并根据评估结果为其支付报酬等控制功能，可以使高层管理者利益与股东利益相一致，尽可能减少代理成本，保护股东利益。最后通过董事参与确定公司的经营理念，制定公司目标，选择和执行公司战略等战略功能的执行，董事会可加强公司的竞争地位来保证股东利益最大化，所以战略功能有助于保证公司根据某个选定的战略实现特定目标。

Mace（1971）用实证的方法研究了董事会内外部董事比例与公司服务能力的关系，结果发现，适当的内外部董事比率决定着公司董事会行使服务功能的能力。Byasinger和HoskiSSno（1990）也从理论上证明了董事会对公司战略的贡献度在很大程度上取决于董事会成员的类型。所以，董事会规模、独立董事比例、董事会会议次数等董事会特征在很大程度上影响着董事会的服务、战略及控制功能的行使，如董事会的构成决定了董事会作为一个内部控制机构的权力大小。可见，在评价董事们对公司绩效的贡献时，董事会特征是一个不可缺少的、重要的因素。所以，董事会特征对公司绩效的影响主要是通过董事会功能进行传递和实现的，具体作用机理如图3-3所示。

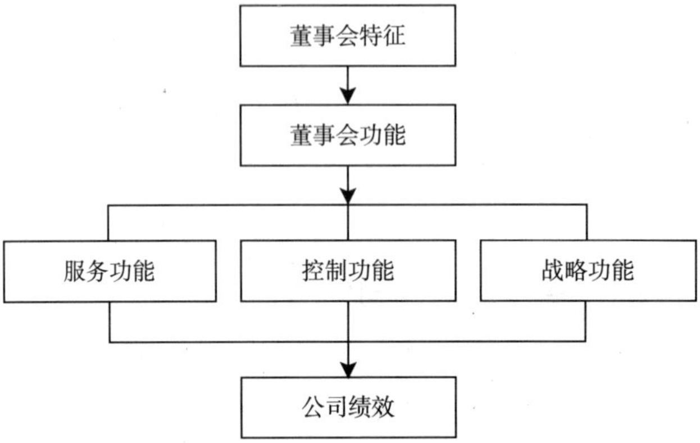

图 3–3 董事会特征影响公司绩效的作用机理

3.3.2 董事会特征影响公司绩效的表现

3.3.2.1 董事会结构特征对公司绩效的影响

董事会的结构指董事会的规模、独立董事的规模以及由此产生的独立董事比例等。董事会规模与公司绩效之间的关系比较复杂，但所有研究都基本承认董事会规模会对公司绩效产生影响，目前主要存在两种观点：

第一种观点以代理成本理论为基础，认为规模大的董事会与公司绩效负相关，其理由归纳如下：董事会人数太多容易造成董事会功能的紊乱，进而影响董事会作用的较好发挥；董事会规模太大会出现成员间沟通与协调的困难，董事会在对公司重大问题进行决策时，会因为人数过多造成思路理解的偏颇而“流产”，进而影响公司的经营与绩效；大规模的董事会由于机能障碍而无法客观准确地评价、监督经理，出现董事会被总经理所控制的局面；代理问题会随着董事会规模的增加而加剧，使得董事会无法应对飞速变化的竞争环境，成为“橡皮图章”。

第二种观点是以资源依赖理论为基础，认为规模相对较大的董事会更有利于提高公司绩效。提出这一观点的理由如下：董事会的规模可以为组织提供一个与外部环境相联系的有效平台，以获取关键资源；董事会人数较多会带来更多的专业知识、管理知识，并达到互补的效果；董事会人数多，其所代表的多方利益就能够得以更好地体现，有利于协调各方利益；大型董事会可以通过吸引各种不同的意见以减少公司的经营风险。

Binrbaum（1984）的研究表明，董事会的规模决定着公司获得外部关键资源的能力，同时外部环境的不确定性也会导致董事会规模的增加。

另外，董事会成员中独立董事的规模及比例的提高有利于公司绩效的改善。从理论上讲，一方面，独立董事由于其与公司的联系比较弱，所以几乎不受公司管理层的控制，可以有效缓解“内部人控制”问题。在董事会中引进独立董事，当其数量增加到一定程度时便能形成影响决策的力量，有助于提高董事会战略参与的程度。另一方面，独立董事均是来自于各个领域的专家，包括财务管理专家、法律界的专业人士等，且他们几乎都具有高级职称，独立董事拥有的专家技能有助于解决问题，使董事会战略决策不拘泥于现有的管理框架，所以，董事会中独立董事的增加必然改变其原有的不合理的专业结构、职称结构，进而提高公司绩效。

3.3.2.2 董事会构成特征对公司绩效的影响

董事会的构成是指董事会内部各组成部分的搭配和排列，表现为董事会的专业委员会的设置、董事长和总经理的两职设置等情况。

董事会的专业委员会主要包括执行委员会、提名委员会、薪酬委员会、战略委员会和审计委员会。近年来，董事会的专业委员会的构建问题已经引起了广泛关注，各种类型的治理规则都对这一问题进行了讨论，并说明了专业委员会有助于董事会的高效运作，进而提高公司绩效。实践证明，设立专业委员会有利于对董事个人时间的有效利用，有利于对技术方法的更深度的讨论，有利于在一些敏感事件中获取必需的判断力。在各专业委员会中，审计委员会经常被认为是最重要的委员会，全美董事协会（NACD）认为，审计委员会的主要目标是督促提供有效的财务报告，并控制、识别与管理公司财务风险。想要有效监管这些风险，审计委员会需要与其他委员会进行协作。在各委员会密切配合和保持其独立性的前提下，董事会的运行效率会大大提高，公司绩效必然随之提高。

董事长与总经理的两职设置是指董事长与总经理的两个职务在多大程度上得以分离，它通常反映了公司董事会的独立性和执行层创新自由的空间。目前设置状态有三种：两职合一、两职分离和两职部分分离。不管哪种形式，均会在一定程度上影响公司绩效。首先在代理人不存在“败德行为”和“逆向选择”的情况下，两职合一赋予经理层更大的权力，在信息沟通更为充分的基础上，经理层会勤勉有效地行使其经营权力，使企业更易于适应瞬息万变的市场环境，及时做出科学、准确的经营决策，从而有助于提高企业的经营绩效。但也有研究者提出了相反的观点，其认为由于董事长和总经理具有各自不同的任务和职责，所以两职应该分离，这会分散权力的集中度，赋予董事会更高的独立性和有效性，进而形成内部公司治理的制衡机制，提高公司绩效。

综上所述，一个高效的董事会构成状态是随着环境的改变而发生变化的，因此不能简单地确定哪一个专业委员会更重要，哪一种领导权设置模式更好。脱离环境要素讨论这一问题是毫无意义的，但我们可以肯定的是，董事会的构成特征确实在一定程度上改善了公司绩效。

3.3.2.3 董事会行为特征对公司绩效的影响

反映董事会行为特征的指标主要是董事会年度会议次数和会议的出席率。从历史经验上看，公司失败的主要原因可以归纳为以下几点：对公司运作缺乏制度上的监督和检查；财务控制不恰当；管理者出现“机会主义”行为等，这些问题的出现都与董事会的控制不当有关。而董事会执行其控制职能的主要方法就是召开董事会会议，一个在董事会会议上充分讨论过的公司战略计划，不仅可以很好地勾勒出公司的前景，而且可以增加公司价值。所以，在公司绩效变化的影响因素中，董事会会议次数可以在一定程度上改善公司经营。

有一种观点认为，为了使董事更好地履行他们的职责，经常会面是非常必要的，它可以保证经理层依据股东利益行事，所以，董事会整日会议应每月举行一次，并且每年都要举行一次 2~3 天的战略磋商会议。但实践证明，董事会会议具有一定的被动性，董事会经常在出现问题时被迫从事高频率的活动，以这个观点来看，董事会会议成为解决公司问题的一个“灭火器”，当公司绩效下降时，董事会的活动可能更加频繁以应付出现的问题，进而阻止公司经营的进一步恶化。经过高频率的董事会会议应对公司危机之后，公司绩效通常会得到一定程度的提高。同时，现实中的董事们频繁缺席董事会会议成为影响董事会会议作用有效发挥的不利因素。可见，董事会行为特征与公司绩效之间的关系在理论上并不是很清晰，但董事会行为能影响公司绩效是一个不争的事实。

3.3.2.4 董事会激励特征对公司绩效的影响

激励指利用某种外部诱因调动人的积极性和创造性，使人有一股内在的动力，让人们自觉自愿、努力地工作，并创造好的绩效，向所期望的目标前进的心理过程。董事会作为股东的代理人，担负着监督总经理的经营行为，并为公司的发展战略献计献策的任务。所以，需要对董事会成员实施激励，促使其勤勉工作，以增加公司绩效。目前，对董事的激励主要有薪酬和股权两种形式。

出于利益最大化的考虑，委托人会赋予代理人一定程度的自由裁量权，使得其拥有一定的自由决策空间。为了防止代理人的道德风险，引导其按照委托人的利益行事，委托人会选择基于业绩评价的报酬支付方案，即根据代理人的业绩表现来支付其薪酬，由于外部风险的存在，因此有必要对代理人实施基于业绩评价的报酬激励。同时，由于董事会是公司的决策机构，为了使董事们在做出经营决策时考虑到公司的长远利益，在他们的总体薪酬设计上应当注重长期薪酬的作用，加大长期激励性薪酬在总体薪酬中的比重。股权是最理想的长期激励方式，因为董事持有公司股份的比例越大，那么其监督总经理的动机就越强烈。因此，一项有效的持股权合约将以尽可能低的成本激励董事为最大化股东价值而行动。

因此，目前提升公司治理效率，以提高公司绩效的行之有效的办法之一就是实施股权激励，这一激励方式可以激励董事关注公司价值，利用股权激励可以使其承担一定的风险，并能够分享部分股东剩余索取权。客观地讲，如果董事的薪酬只是基本工资和对已完成业绩的年度激励的话，追求短期的利益势必会成为他们的价值取向，这样不利于公司绩效的提升。所以，若要使他们为企业的长远发展考虑，就必须使用股权激励把董事的可能收益和他们对公司未来成绩的贡献联系起来。

3.3.2.5 董事会素质特征对公司绩效的影响

素质，又叫胜任力，是在特定企业的环境中，在具体的工作岗位上，做出优秀业绩所需要的知识、技能与行为特征，它是高绩效的基因。董事会素质特征主要是指董事在年龄、性别、学历水平及专业等方面表现出来的特性。20 世纪 80 年代中期出现的新增长理论首次在理论上强调了人力资本作为生产要素对经济增长的作用。其代表人物罗默（P.Romer，1986）

和卢卡斯（R.Lucas，1988）均将人力资本作为一个单独的解释变量加入生产函数中来研究经济增长。舒尔茨（1961、1982）和贝克尔（1964）从微观角度肯定了教育对于人力资本积累的促进作用，学历作为所受教育程度的证明，其高低反映人力资本存量的大小。抽样调查表明，较高的教育水平对应着较高的智力和劳动能力。贝克尔（1964）指出，尽管对于假定教育与“能力”之间是同方向变动关系的观点存在争议，但是当把“能力”定义为经济上的能力时，所得到的数据肯定地说明了教育与某些能力衡量标准之间存在着同方向变动的关系。同时，演化经济学派认为，人力资本能产生动态效应，即较高的人力资本不仅能够产生较高的生产率，而且能够促进生产率的持续增长。理论和实证研究进一步肯定了企业管理者的人力资本水平与公司绩效之间存在正相关关系。Jo 和 Lee（1996）通过对韩国 48 家新设立企业的实证分析表明，拥有较高学历企业家的企业有着较高的利润率和成长率。Ballot、Fakhhkh 和 Taymaz（2001）对法国和瑞典的企业进行的实证研究结果表明，法国的企业中，管理人员和普通雇员的人力资本水平与公司绩效显著正相关。

可见，在现代公司中，董事会作为主要的决策与管理机构，其素质的高低决定着公司绩效。之所以会产生这一效果，主要是因为较高素质的董事可能拥有较宽阔的眼界、更丰富的信息、较高的威望、较高层次的社会关系网络，并且具有较强的创新意识和能力，从而他们能更好地把握公司的发展，更倾向于对新技术、新方法的模仿与创新，更有效率地领导整个公司，并提高公司的治理绩效。所以，高素质的人拥有较高的人力资本水平和智力劳动能力，也使人很容易联想到较高的劳动生产率和公司绩效。

3.3.2.6 董事会稳定性特征对公司绩效的影响

这里用董事长是否变更来表示董事会的稳定性。在现代公司中，董事会是由股东选举产生用以监控经理层的行为。董事会与股东利益的协调一致是董事会有效行使监督权的前提，而两者利益的协调主要有董事持股和声誉机制两种方式。董事持股是将公司利益与董事个人利益密切联系在一起的纽带，它是提高董事会稳定性的一个有力措施，也是有效的激励措施。董事长持股比例越多，其发生变更的概率就越小，董事会的稳定性就越高。与其相比，声誉机制在维持董事会稳定性方面发挥着“双刃剑”的作用。在公司价值下降的时候，该公司董事的声誉就会下降，股东会就会变更董事长，希望新董事长的能力能实现公司价值的提升。相反，如果公司经营绩效好，董事会会因此获得较高的社会声誉，股东会也会因此极力保持现有董事会的稳定性，进而提高公司绩效。所以，董事会的稳定性与公司绩效的关系需要从两个方面来考虑，如果董事会能力较强，董事会的稳定性有利于公司绩效的提升；如果董事会能力较差，股东会就需要变更董事会以改善公司绩效，即董事会的变动有利于公司绩效。

3.4 本章小结

本章首先介绍了董事会特征与公司绩效关系的理论基础，主要包括代理成本理论、资源依赖理论和内部人控制理论。其次，界定了董事会特征的含义及其指标体系，界定了公司绩效的含义及其指标体系。最后，重点介绍和分析了董事会特征影响公司绩效的机理和表现，分析指出董事会通过服务功能、控制功能和战略功能对公司绩效发挥作用，而董事会功能的有效发挥在一定程度上取决于董事会特征，如公司董事会规模，独立董事规模、董事会会议次数、董事会成员的认知冲突及其专业知识的运用、董事会的激励水平等都会影响到董事会的工作效果，最终影响公司绩效。在此分析基础上，本章构建了董事会特征影响公司绩效的机理，并就董事会特征影响公司绩效的具体表现做了详细阐述，为第 4、第 5 和第 6 章的实证分析做了理论铺垫。

第4章 钢铁行业上市公司董事会特征分析

4.1 中国钢铁企业管理现状①

进入21世纪以来，我国钢铁工业顺应国民经济高速增长，以及工业化、城镇化等对钢铁材料的旺盛需求，实现了跨越式发展。钢产量连续跨越了2亿吨、3亿吨、4亿吨、5亿吨四个大台阶，到2005年结束了自新中国成立以来连续57年净进口钢的历史，彻底扭转了钢总体生产能力不足、制约国民经济发展的局面。到2006年成为世界最大的钢材出口国；2008年钢产量突破5亿吨；大型钢铁企业的主体装备水平已属国际先进水平，甚至是国际领先水平。

我国钢铁工业取得的辉煌成就，其根本是持续变革和改进钢铁企业管理的结果。新中国成立60年来，我国钢铁工业和钢铁企业的管理经历了若干次重大变革，取得了巨大进步。然而，我国钢铁企业的企业管理目前还存在四个滞后：滞后于先进技术装备的快速发展，滞后于完善社会主义

---

① 本章内容主要取自并参阅中国钢铁工业协会企业改革与管理工作委员会与冶金工业经济发展研究中心联合课题组撰写的《中国钢铁企业管理现状调研报告》。中国钢铁工业协会企业改革与管理工作委员会于2008年2月开始对国内不同性质、不同规模、不同类型、不同工艺流程的42家钢铁企业的战略管理、高层管理和专业管理三个方面的管理现状进行了调研。本次调研以问卷调查方式为主，辅以对典型企业的现场调研。这42家企业2007年粗钢产量合计占全行业粗钢总产量的61.08%，利润合计占全行业的82.65%。因此，其结果基本可以代表钢铁行业目前的管理现状。在调研基础上，报告旨在反映钢铁企业的整体管理水平、不足和发展趋势，重点探讨制约企业管理创新的“瓶颈”因素，探究提升企业管理水平的实现途径，为企业改善管理水平提供借鉴和参考。作者在引用时，根据需要有所删减。

市场经济体制的进程，滞后于走新型工业化道路、转变经济发展方式的要求，滞后于发达国家先进钢铁企业的管理。因此，企业管理已成为我国钢铁企业提高核心竞争力的软肋，具体表现在以下五个方面：

4.1.1 部分企业战略管理不完整

4.1.1.1 部分企业对战略管理缺乏深刻的理解

前几年，我国钢铁企业经历了高速发展期，许多企业在产量大幅增长的同时，对发展战略进行了调整，调研期间的发展战略与 3 年前相比，有 44%的企业有较大调整，有 32%的企业进行适当补充。值得关注的是，有 24%的企业对发展战略进行了随时的动态调整，这在一定程度上反映了企业对战略管理缺乏深刻的理解。因为企业的具体策略可以视市场竞争态势及时调整，但战略是一个企业相对长时期的追求，不应随时变更，必须保持一定的稳定性、持续性和规范性。而在战略作出变更和调整时，也要注意按照规范化的程序进行操作。

4.1.1.2 战略管理趋同，缺乏行业特征和企业特性

调研发现，部分企业的战略没有反映出钢铁行业的特征，如某钢铁企业的战略是“求实创新，稳健发展，超越自我，服务社会”。这样的战略不仅放在钢铁行业合适，放在化工行业、食品行业等其他任何行业也都合适，即这种战略没有体现出行业特征，更没有体现出企业自身的特色。

钢铁行业的发展需要庞大的物流体系支撑，尤其是我国钢铁企业大部分位于内陆地区，物流成本较高，地域性特征普遍较为明显，因而企业在自己的发展战略中应充分考虑地域特性。但调研企业中，太钢由于产品特殊，提出要面向全球；广钢提出建立“华南地区机制灵活、效益突出、品牌响亮、核心竞争优势明显的区域性大型钢铁企业集团”，其他企业基本上没有体现出自己的区域定位。同时，钢铁行业作为规模经济明显的行业之一，不同规模的企业在制定战略时也应充分考虑规模的约束，做到“术业有专攻”。此外，每个企业的人力资源状况、管理水平、技术基础等均不相同，在战略的制定过程中也必须考虑这些差异。一个合理的战略必须能够切实反映三个问题，即得到认同的目标、对竞争环境的深刻理解和对资源的客观评价。

在反映行业特征和企业特性方面，国内五矿集团的发展战略值得借鉴思考。2005 年 8 月，五矿集团与外部机构联合制定的发展战略最终方案获得通过，其发展战略被浓缩成："以贸易为基础，集约多元，充分发展营销网络；以客户为中心，技术创新，积极提供增值服务；使中国五矿集团公司成为提供全球化优质服务的企业集团。"它促使五矿人明晰了五矿集团的资源和能力，以及企业存在的意义，并且回答了"我们究竟是谁，我们应该做什么，我们能做什么，我们应该怎么做"这样的问题。

4.1.1.3　过分追求具体经营指标

在任何一个经营领域，企业都应有明确的战略目标，也就是使企业处于有利位置的行动计划。要使自己处于有利位置，企业必须获得相对的竞争优势，具备相应的竞争能力。著名战略管理大师迈克尔·波特根据企业的经营实践，总结出了三种通用的竞争战略，即成本领先、差异化和集中战略。但是，许多钢铁企业在描述自己的战略时，常常强调销售额、市场占有率、产量、利税指标等。这体现出企业过分追求具体经营指标而缺乏长远规划，提升企业内在价值还没有受到应有的重视。

上述理念反映在企业战略上，存在三个方面的缺憾：①建立现代企业制度，依靠管理提升企业效率虽然已经引起部分企业的重视，但比重偏少，仅有鞍钢、马钢等 9 家大型钢铁企业将管理水平的提高纳入发展战略中。②文化建设还未引起企业足够的重视，调研企业中只有莱钢、宣钢、邯钢 3 家企业将企业文化的建设提高到战略的高度。③部分企业制定的发展战略不完善，有 2 家企业没有战略使命，1 家企业没有战略方针。

4.1.1.4　规模扩张的惯性仍然较大

钢铁工业是规模经济明显的行业，但仅仅拥有规模并不代表拥有竞争优势。事实上，企业的竞争优势主要来源于企业的无形资产，也即企业的内在经营管理能力，如企业的核心知识和技术、管理能力、对未来的洞察力、客户关系、运作能力等。这些能力是别的企业难以用钱从市场上直接购买的，它们才是真正为客户创造独特价值的源泉。回首我国钢铁企业前几年在特殊背景下的规模扩张，基本上是有形资产的扩张，这对企业内在竞争力的提升是有限的。但是从调研企业看，只有 1 家企业明确提出"适度规模"，较少有企业明确提出从规模扩张转向质量提升上来，进行规模扩张的惯性仍然较大。而国际上成功的钢铁企业很少有将自己的经营战略概括成几个数量指标，尤其是将规模视为头等大事。在当前钢铁行业本轮发展景气周期出现拐点之后，各个企业如何调整自身的战略，实现从“量”到“质”的转变，改善自身的内部管理模式将是巨大的挑战。

4.1.2 管控体系有待进一步完善

4.1.2.1 重大决策依据来源应更充分、准确、完整

企业在作出重大决策时已经非常重视内部智囊机构的建议，但对外部咨询机构（外部智囊机构）建议的重视度还不够高。在调研企业中，钢产量列前10位的企业，只有4家会参考外部咨询机构的建议。兼听则明，内外部智囊机构建议并举，可以使重大决策依据更充分、更准确、更完整。

4.1.2.2 扁平化管理有待继续推广

扁平化组织结构在设置上具有四个特点：一是围绕工作流程而不是部门、职能来建立机构，传统的部门边界被打破；二是改变金字塔形的等级机构，取消中间层级，实现纵向层级的扁平化；三是管理的任务委托到更低的操作层次，底层的管理决策权限增大；四是为使横向的组织结构设计奏效，流程必须以顾客需要或客户导向为基础。

在调研企业中，还有部分企业的层数为5层，有待于继续推进扁平化管理。已经实施扁平化管理的企业，在改革过程中也会产生一系列的新问题，如何真正发挥扁平化的优势仍有很多工作需要完成。

4.1.2.3 对于公司的控制和考核不够全面

对企业子公司业绩认定方式和领导班子考核标准进行的调研结果表明，有70%以上的企业主要是依据安全生产、利润率或利润额和目标成本或成本降低率；将“环境保护”列入考核内容的仅占50%；将“产品合格率或合同履约率”和“资金周转情况”列入考核内容的仅占24%。

从表面上看，多数子公司是作为生产单元存在的，其基本不涉及公司层面的资本运作，下游业务量也有相关营销部门负责，环境保护也是需要集团公司层面对的问题。但是，任何总体都是由个体组成的，如果集团公司对子公司的考核中疏忽了上述因素，势必影响集团公司相关战略的执行效果。

4.1.2.4 工序间矛盾的解决方式有些值得改进

良好的事件解决机制是企业健康运行的重要基础，调研结果显示，国内钢铁企业基本建立了自身的事件解决机制。当企业各工序或部门间出现问题时，不足 48%的企业选择依据本企业制定的相关制度去解决；有 17%的企业选择依靠事件双方协商解决；有 10%的企业选择通过上级来解决争端。另外，有 26%的企业采取了两种以上的方式来解决事件双方的矛盾。

钢铁的生产是流程型、连续型、一体化的过程，当工序间出现矛盾时需要当机立断。而调研企业中选择依据企业制定的相关制度去解决的不足一半，其他无论是协商解决还是经过上级来解决争端，均可能延误时机，甚至出现沟通和执行的偏差。这说明基层和基础管理方面的制度规范设定及执行有待加强。

4.1.3 财务管理体制中存在有待改进的地方

4.1.3.1 集团对于公司财务统一管理水平有待进一步提高

在目前竞争异常激烈的市场环境下，实行财务集中管理是现代集团企业的理想选择。只有财务人员集中管理，才能使财务人员在管理体制上与各自的经营单位分离，保证财务管理的统一性、真实性和准确性，排除各经营单位对财务管理的干扰和弄虚作假。但在调研企业中，平均每家“主单位”在地方银行开户量超过了 17 个，反映出财务和资金未能全面实现集中统一管理，企业账款和资金的统一管理有待提高。

4.1.3.2 多数企业应收账款管理较好，但现金流指标仍较差

2007 年末，我国大中型钢铁企业应收账款余额 503 亿元，应收票据 964 亿元，合计 1467 亿元，当年实现销售收入 19212 亿元，平均周转天数为 23 天，好于境外绝大部分企业（2007 年境外企业平均周转天数为 44 天）。

流动比率是衡量企业短期偿债能力的重要指标。根据我们长期的研究认为，钢铁企业的流动比率如能保持在 1.3 左右，就属于正常状态，而并非 2 为正常。具体到不同企业，还要视流动资产中实际可用于偿债的资产（例如待摊、待处理及专用备件存货等不能用于偿债）与流动负债中实际需要偿付的负债（例如工资节余在特定条件下不需偿付）之间的比例关

系。但是，流动比率低于1，通常被认为是不可取的。流动比率较低的主要原因有两个：一是经营亏损侵蚀流动资金；二是购建长期资产占用流动资金。

2007年，我国大中型钢铁企业流动比率平均为0.92，而且已经连续几年低于1。这种情况说明我国企业尚未对短期偿债风险给予足够重视。

国内上市钢铁企业经营现金流同比略有下降，投资额仍处于高位，因而未来企业整体现金流不容乐观。从历史上看，经营现金流量净额在2006年达到绝对高点以后开始下降，这说明企业经营现金流已经开始走下坡路。钢铁企业从2002年至2008年的快速投资扩张，使企业的资金缺口加大。在负债处于历史高位、行业趋势向下、企业尚有较多未完成投资项目情况下，预期未来现金流将进一步趋紧。

上述分析表明，当前钢铁企业财务管理中尤其值得重视的是现金流，现金流不足将加大企业财务风险。

4.1.4 人力资源管理是企业管理的薄弱环节

4.1.4.1 部分企业员工培训投入较低，不利于企业的长久发展

企业对员工培训费用占销售收入的比例，在一定程度上能够反映出企业对人力资源的重视水平。在调研企业中，多数企业的这一比例在0.1%以内，超过1%的仅有昆钢、莱钢、首钢、新余、杭钢和济钢6家企业。这组数据表明，多数企业仅注重职工的现有价值，对职工长期发展并没有合理的规划。

4.1.4.2 国有中小型企业高级技术人员稳定性较差

高级技术人员是保证钢铁企业正常生产经营过程的关键人才，调研结果表明，2007年高级技术人员比较稳定，有70%以上企业的高级技术人员离职率小于1%。调研结果还表明，国有与非国有企业的高级技术人员稳定性差异较大。

2007年在非国有企业中，大型企业高级技术人员离职率较高，而中小型企业相对比较稳定。国有企业正好相反，中小型国有钢铁企业高级技术人员离职率超过3%，而多数大型企业高级技术人员离职率仅为1%，甚至没有发生离职情况。

近年来，国有大型钢铁企业高级技术人员不仅待遇大幅度提高，而且越来越受到企业的重视，自身的成就感和归属感增强，因而较少发生离职现象；而中小型钢铁企业多数技术装备不够先进，在钢铁形势较好时只注重提高产量，而常常忽略技术和工艺的升级，这些企业的高级技术人员待遇以及成就感相对较差，就容易出现向外流动的现象。

非国有企业往往给高级技术人员较高的待遇，一些人才在这里获得了原有单位所没有的有形和无形的价值，这是离职率较低的主要原因。而非国有大型钢铁企业的高级技术人员离职率较高，报告认为与工作压力较大有关，具体原因还需进一步分析研究。

4.1.4.3　钢铁企业应当加强长效激励机制的研究

目前钢铁企业的薪酬体系中有两点应引起关注：第一是对中层干部的长期激励问题；第二是薪酬设计时应考虑竞争对手的因素。调研结果显示，调研企业中约 1/4 的企业对各级人员都没有长效激励机制，对高管层有长效激励的也仅占 1/3。

从今后我国钢铁产业的竞争格局看，只有工艺与技术装备先进、管理水平较高、能够留住和吸引优秀员工的企业才能在激烈竞争中得到发展。因此，研究设计有竞争力的对员工特别是对中高层的长效激励机制将变得非常重要。

4.1.5　技术创新管理体系有待加强

4.1.5.1　缺乏高素质技术人才是影响企业技术创新的主要因素

在调研企业中，有 71.8%的企业认为，影响企业技术创新最大的内部因素就是缺乏高素质的技术人才。报告认为，这与企业技术创新的管理体系密切相关，即企业为人才成长创造的环境其实才是影响企业创新的最根本原因。企业只有为技术人员创造有吸引力的长效激励机制，只有让员工有归属感、成就感、认同感，才能更大程度地激发技术人才的创新热情。

4.1.5.2　部分企业技术研发投入仍偏低

2007 年，我国企业 500 强平均研发费用为 5.68 亿元，研发费用占营业收入的比例平均为 1.32%，远低于世界 500 强企业研发费用占营业收入平均3%~5%的水平。而2005年大中型钢铁企业的研发费用仅占当年销售收入的0.905%。

本次调研结果显示，2007年多数企业研发经费占销售的比重有一定幅度提升，部分大型企业的比重达到了2%~5%。马钢、首钢、太钢等大型企业的研发费用占销售收入的比例明显高于中小型企业。以宝钢为例，2005~2007年宝钢的研发经费由11亿元增至近23亿元，已接近新日铁的研发投入（以100日元汇率对6.5元人民币计算）。

但是，在看到进步的同时，调研结果也显示出，有33%的企业认为研发经费投入不足也是影响技术创新的重要因素，有的企业研发经费占销售收入的比重甚至不足0.5%。

4.2 钢铁行业上市公司董事会特征的行业差异性判定

理论界对于董事会的产生存在着两种学说：一种是规制说，另一种是内生说。规制说认为，董事会是为了迎合制度的规定而产生的，是在《公司法》的强制要求下设置的。内生说则认为，因为拥有实质控制权的董事会是先于规制出现的，所以，董事会是公司的内生产物，规制只是对制度创新的事后认可与规范。由于我国目前处于转轨经济时期，市场经济尚不发达，公司董事会在建设和规范的过程中更多地表现为规制的结果，而忽略了董事会内生性的要求，所以造成所有公司董事会特征趋同，这在一定程度上影响了董事会作用的发挥。事实上，如果公司的所属行业不同，那么公司的规模、所有权性质、股权集中度等也会随之不同，进而董事会的特征也必然不同。本章选择了我国2009年1月推出的“十大振兴产业”[①]中的有色金属业、汽车业、石油化工和焦炼业、钢铁行业和物流业五大行

① 为防止中国经济加速下滑，实现2009年“保八”目标，国务院陆续出台重要产业调整振兴规划。2月25日，有色金属业和物流业振兴规划获通过，至此，纺织业、钢铁业、汽车业、船舶业、装备制造业、电子信息产业、轻工业、石化产业、物流业、有色金属业十大规划全部出齐。参见《盘点十大产业规划》，腾讯财经，http：//finance.qq.com/zt/2009/industry/，2010年3月4日。

业，使用非参数检验方法（Nonparametric Tests）中的多个独立样本单向方差秩检验（K Independent Samples，Kruskal-Wallis）的方法论证董事会特征的行业差异性。

4.2.1 上市公司董事会特征变量的界定

本章依据 Zahra 和 Pearce（1989）等提出的董事会特征的研究思路，在全面梳理国内外关于董事会特征的研究文献的基础上，并结合数据的可获得性，将董事会特征界定为结构特征、构成特征、行为特征、激励特征、素质特征和稳定性特征 6 个维度，共包括 20 个变量，具体含义见表 4-1。钢铁行业上市公司董事会特征变量的具体情况见附录 1 至附录 3。

表 4-1 董事会特征描述变量及含义

特征维度	变量名称	变量含义及取值
结构特征	董事会规模	董事会总人数
	独立董事规模	独立董事总人数
	独立董事比例	独立董事人数占董事会总人数的比值
构成特征	审计委员会	1-设立 0-未设立 2-未知
	薪酬与考核委员会	1-设立 0-未设立 2-未知
	战略委员会	1-设立 0-未设立 2-未知
	提名委员会	1-设立 0-未设立 2-未知
	董事长与总经理两职设置	1-两职合一 2-两职部分合一 3-两职分离
行为特征	年度董事会会议次数	年度内召开的董事会会议次数
	年度内以通信方式召开的董事会会议次数	在本年度内用通信方式如电视、电话、传真等方式召开的董事会会议次数
激励特征	金额最高的前三名董事的报酬总额	年薪最高的前三名董事的薪酬总和
	独立董事年平均津贴	所有独立董事薪酬的简单平均数
	持有本公司股份的董事总人数	持有上市公司股份的董事人数
	董事会持股比例	年末董事会成员所持股份占公司总股份的比例
	领取报酬的董事总人数	在上市公司领取报酬的董事总人数
	董事人均报酬	年度内董事的人均报酬
	董事长持股比例	年末董事长持有的股份占总股本的比例
素质特征	董事平均年龄	所有董事年龄的简单平均数
	董事性别比例	男性董事占董事会总人数的比例
稳定性特征	董事长是否变更	年度内董事长是否变动 1=变动 0=没有变动

4.2.2 分行业上市公司对比样本的选择

本章使用对比分析方法来研究钢铁行业上市公司董事会特征，选取汽车业、有色金属业、石化业和物流业的上市公司为对比样本。行业界定的依据是中国证监会编制的《上市公司行业分类指引》（简称《指引》），钢铁行业是《指引》中的 C65 项，包括炼铁业、炼钢业、钢压延加工业和铁合金冶炼业，汽车业是《指引》中的 C75 项，物流业是《指引》中的 F 项，即交通运输与仓储业，主要包括铁路运输业、公路运输业、水上运输业、管道运输业、航空运输业和仓储业。文中数据来自于色诺芬公司治理数据库 2004~2008 年的面板数据，缺失数据则使用手工查询上市公司年报、引擎搜索等途径获得。由于上市公司存在新上市和退市的情况，为了保证样本数据的连续性，本章只选择在研究年度内连续存在的上市公司，筛选后共获得了 1495 个样本公司，分行业的具体样本来源及数量情况见表 4-2。

表 4-2 分行业样本来源及数量

行业名称	钢铁行业	汽车业	有色金属业	石化业	物流业	合计
行业代码	C65	C75	C67	C41	F	
样本数量	150	250	115	705	275	1495

4.2.3 多独立样本单向方差秩检验的研究方法

本章使用的研究方法是非参数检验方法（Nonparametric Tests）中的克鲁斯卡尔—沃利斯（Kruskal-Wallis）单向方差秩检验。本方法以各个董事会特征作为检验变量，行业类别为分组变量，检验方法为 Kruskal-Wallis H 检验，缺失值的处理采用的是排除对比中的缺失值方法（Exclude Cases Test-by-Test）。

克鲁斯卡尔—沃利斯单向方差秩检验是检验 k 个独立样本来自同分布总体的最常用的非参数检验方法，对应于参数检验中完全随机化实验设计的方差分析，这里“秩”又称等级，即按数据大小排定的顺序号，顺序号的和称为“秩和”。

Kruskal-Wallis 单向方差秩检验步骤如下：

（1）建立原假设和备择假设。

H_0：k 个总体无显著差异。

H_1：k 个总体有显著差异。

（2）确定并计算检验统计量。

1）将各组数据混合并由小到大排序，确定它们相应的秩，最小观察值的秩定义为 1，最大观察值的秩定义为 n，这里 n 为各样本容量之和。如果观察值相同，则用 n 个观察值的平均秩来代替。

2）计算统计量 H，从形式上看，若 H_0 为真，各个样本的秩和应该比较接近，若各样本的秩和差异比较大，则拒绝原假设，接受备择假设。

因此，H 用式 4.1 表示：

$$H = \frac{12}{n(n+1)} \sum_{i=1}^{k} \frac{R_i^2}{n_i} - 3(n+1) \tag{4.1}$$

式中：k 表示样本数；n_i 表示第 i 个样本中观测值的数目；n 表示 $n = \sum_{i=1}^{k} n_i$；R_i 表示第 i 个样本中的秩和。

由上式可以看出，H 越小，说明各样本的秩和差异越小；反之，则说明各样本的秩和差异越大。若 k 个独立样本的 n 个观察值中有相同的观察值时，需要对 H 进行修正，其修正公式如下：

$$H^* = \frac{H}{1 - \dfrac{\sum_{i=1}^{k} (t^3 - t_i)}{n^3 - n}} \tag{4.2}$$

式中：t_i 表示第 i 个秩中包含的相同观察值个数；k 表示出现相同秩的组数；n 表示 $n = \sum_{i=1}^{k} n_i$。

（3）在显著性水平 α 下作出检验判断：

1）当 k 个样本的容量都小于或等于 5 且 k = 3 时，可利用 Kruskal-Wallis 单向方差秩检验统计量的临界值表确定统计量 H 相对应的概率 P，若 P 小于 α，则拒绝原假设，接受备择假设，即 k 个总体有显著差异；若 P 大于 α，则接受原假设。

2）当 k 个样本容量都大于 5，统计量 H 近似服从自由度为（k - 1）的 x^2 分布，若 $H \geqslant x^2_{\alpha,(k-1)}$，统计量 H 相对应的概率 P 小于 α，则拒绝原假设，接受备择假设，即 k 个总体有显著差异；若 $H \leqslant x^2_{\alpha,(k-1)}$，统计量 H 相对应的概率 P 大于 α，则接受原假设。

环境依赖理论认为董事会构成与环境条件是密不可分的，董事会是一种用于管理企业对于外部的依赖性和减少环境不确定性的机制，环境因素是影响董事会的特征及其作用的重要因素。该理论所指的环境主要包括公司所处的宏观环境、中观环境和微观环境，经济发展水平，市场发育程度，行业性质，公司文化等都属于环境因素。这一理论指出，一个有效的领导权设置状态将随环境条件的变化而变化，因为行业的压力不同，各行业理想的领导权结构可能是完全不同的。吴淑琨（1998）通过对比工业家电、工业化工、商业和公共事业四个行业的董事会领导权设置情况，得出了不同行业对两职状态的要求也是不一样的结论，对这一理论进行了实证检验。由此可见，由于历史、文化、法律环境导致各国公司治理模式不同，董事会特征也不尽相同，董事会在公司法规中所配置和在实践中所履行的决策、执行与监督职能也不同。根据以上理论及检验原理，本章提出如下假设：

H_0：k 个总体无显著差异，即各行业上市公司的董事会特征变量相同。

H_1：k 个总体有显著差异，即各行业上市公司的董事会特征变量不同。

4.2.4 分行业上市公司董事会特征对比及差异性检验结果

本章首先对来自于钢铁、汽车、有色金属、石化和物流 5 个不同行业的董事会特征变量进行了描述性统计分析，然后又对钢铁、汽车、有色金属、石化和物流 5 个不同行业的 1495 个样本公司的董事会特征进行了多个独立样本单向方差秩检验，检验变量为各董事会特征指标，分组变量为行业类别。在此基础上，笔者将具体的分析结果进行了整理归纳，详见表 4-3 至表 4-9，分行业董事会特征变量秩排序见附录 4。

表 4-3 五个行业的上市公司董事会特征描述性统计分析

董事会特征变量	N	Mean	Std. Deviation	Minimum	Maximum
年度内董事会的会议次数	1495	8.04	3.04	1.00	36.00
年度内以通信方式召开的董事会会议次数	1034	1.34	2.55	0. 00	32.00
审计委员会	1495	0.59	0.49	0.00	1.00
薪酬与考核委员会	1495	0.61	0.49	0.00	1.00
战略委员会	1495	0.40	0.49	0.00	1.00
提名委员会	1495	0.44	0.48	0.00	1.00

续表

董事会特征变量	N	Mean	Std. Deviation	Minimum	Maximum
金额最高的前三名董事的报酬总额（万元）	1228	64.66	62.02	0.00	578.60
独立董事津贴（万元）	1438	4.02	2.58	0.00	36.00
董事平均年龄	1494	46.86	3.42	36.00	57.00
董事性别比例	1495	0.89	0.09	0.53	1.00
董事长是否变更	1476	0.14	2.56	0.00	1.00
董事长与总经理的两职设置状况	1495	2.67	0.625	1.00	3.00
董事会的规模	1495	9.78	2.12	5.00	21.00
独立董事总人数	1495	3.37	0.96	0.00	9.00
独立董事比例	1494	0.348	0.07	0.00	0.60
持有本公司股份的董事总人数	1495	1.53	2.09	0.00	9.00
董事会持股比例（%）	1495	8.87	5.66	0.00	62.16
领取报酬的董事总人数	1495	6.75	2.52	0.00	19.00
董事人均报酬（万元）	1474	9.09	9.21	0.09	103.53
董事长持股比例（%）	1495	0.50	3.68	0.00	48.70

4.2.4.1　董事会结构特征的对比及差异性检验结果

董事会结构特征主要体现在董事会规模，独立董事规模，独立董事比例上，钢铁行业的数据在这三个指标上均处于前列。其中钢铁行业上市公司的董事会规模的均值为 10.73 人，独立董事规模均值为 3.72 人，独立董事比例为 34.92%，均位于五行业之首。由此可见，与其他行业相比，钢铁行业上市公司董事会在结构上体现着偏大的特征。同时检验结果显示，董事会规模和独立董事规模的显著性概率为 0.000，在显著性水平为 0.01 的水平上显著，因此接受假设 H_1，认为 5 个总体有显著差异，即 5 个行业上市公司的董事会规模和独立董事规模有显著差异。相反，独立董事比例在各个显著水平下均未通过检验，因此认为 5 个行业在独立董事比例这一变量上不具有显著差异。具体数据见表 4-4。

表 4-4 分行业的董事会结构特征描述性统计及检验结果

特征变量	行业类型	均值	中位数	全距	标准差	卡方值	自由度	显著性概率
董事会规模（人）	钢铁行业	10.73	11	15	2.532	49.643	4	0.000***
	汽车业	9.76	9	15	2.514			
	有色金属业	10.39	10	9	1.959			
	石化业	9.46	9	13	1.775			
	物流业	9.83	9	14	2.173			
独立董事规模（人）	钢铁行业	3.72	4	8	1.153	36.117	4	0.000***
	汽车业	3.32	3	7	1.014			
	有色金属业	3.40	3	6	1.213			
	石化业	3.32	3	9	0.830			
	物流业	3.35	3	7	0.964			
独立董事比例（%）	钢铁行业	34.92	33.33	53	6.790	1.548	4	0.818
	汽车业	34.45	33.33	57	7.229			
	有色金属业	33.11	33.33	55	9.297			
	石化业	35.23	33.33	60	6.100			
	物流业	34.50	33.00	50	7.500			

注：（1）Kruskal-Wallis Test。（2）Grouping Variable：行业类别。（3）*** 表示显著性水平为 0.01。

4.2.4.2 董事会构成特征的对比及差异性检验结果

董事会的构成特征表现为各专业委员会的设置和董事长与总经理两职设置上。从专业委员会的设置上看，各行业普遍设立的是审计委员会和薪酬与考核委员会，而战略委员会和提名委员会设立的普及性相对较差，这点可以从审计委员会和薪酬与考核委员会的中位数和众数偏重 1，均值高于 0.5，而战略委员会和提名委员会的中位数和众数偏重于 0，均值低于 0.5 即可看出。从行业差别上看，钢铁行业的数据除审计委员会的设置低于物流业和有色金属业外，其他指标仍然居于各行业之首。钢铁行业的审计委员会和薪酬与考核委员会设置的均值为 0.63 和 0.67；战略委员会和提名委员会为 0.45 和 0.41。

从董事长和总经理两职设置上看，钢铁行业为 2.78，标准差为 0.506，两职设置状态倾向于两职分离，且代表性较好，与其他各行业相比，该指标仍处于各行业前列。

检验结果显示，审计委员会、薪酬与考核委员会设置和董事长和总经理两职设置的显著性概率为 0.000，在显著性水平为 0.01 的水平上显著，因此接受假设 H_1，认为 5 个总体有显著差异，即 5 个行业上市公司的审计委员会、薪酬与考核委员会设置和董事长与总经理两职设置有显著差异。相反，战略委员会和提名委员会在各个显著水平下均未通过检验，因此认为 5 个行业在战略委员会和提名委员会变量上不具有显著差异。具体数据见表 4-5。

表 4-5 分行业的董事会构成特征描述性统计及检验结果

特征变量	行业类型	均值	中位数	全距	标准差	卡方值	自由度	显著性概率
审计委员会	钢铁行业	0.63	1	1	0.485	21.264	4	0.000***
	汽车业	0.48	0	1	0.501			
	有色金属业	0.67	1	1	0.472			
	石化业	0.58	1	1	0.494			
	物流业	0.65	1	1	0.476			
薪酬与考核委员会	钢铁行业	0.67	1	1	0.473	15.251	4	0.004***
	汽车业	0.55	1	1	0.498			
	有色金属业	0.52	1	1	0.502			
	石化业	0.60	1	1	0.491			
	物流业	0.68	1	1	0.467			
战略委员会	钢铁行业	0.45	0	1	0.499	2.351	4	0.671
	汽车业	0.37	0	1	0.484			
	有色金属业	0.41	0	1	0.494			
	石化业	0.39	0	1	0.489			
	物流业	0.39	0	1	0.488			
提名委员会	钢铁行业	0.41	0	1	0.501	3.584	4	0.465
	汽车业	0.40	0	1	0.491			
	有色金属业	0.47	0	1	0.501			
	石化业	0.43	0	1	0.496			
	物流业	0.47	0	1	0.500			
董事长与总经理两职设置	钢铁行业	2.78	3	2	0.506	20.827	4	0.000***
	汽车业	2.69	3	2	0.638			
	有色金属业	2.66	3	2	0.634			
	石化业	2.61	3	2	0.655			
	物流业	2.75	3	2	0.577			

注：（1）Kruskal-Wallis Test。（2）Grouping Variable：行业类别。（3）*** 表示显著性水平为 0.01。

4.2.4.3 董事会行为特征的对比及差异性检验结果

董事会的行为特征主要体现在董事会的正常会议和非正常会议的次数上，在这方面钢铁行业上市公司的表现较差。钢铁行业上市公司的年度内董事会的会议次数均值为 7.82 次，低于物流业的 8.67 次、汽车业的 8.14 次和石化业的 7.87 次。钢铁行业上市公司的年度内以通信方式召开的董事会会议次数的均值为 1.1，相比于汽车业的 1.48 次、有色金属业的 1.31 次、石化业的 1.3 次和物流业的 1.41 次，钢铁行业最低，可见，钢铁行业上市公司董事会的活动频率较低，强度较弱。

检验结果显示，年度内董事会的会议次数的显著性概率为 0.000，在显著性水平为 0.01 的水平上显著，因此接受假设 H_1，认为 5 个总体有显著差异，即 5 个行业上市公司的年度内董事会的会议次数有显著差异。相反，年度内以通信方式召开的董事会会议次数在各个显著水平下均未通过检验，因此认为 5 个行业在年度内以通信方式召开的董事会会议次数这一变量上不具有显著差异。具体数据见表 4-6。

表 4-6 分行业的董事会行为特征描述性统计及检验结果

特征变量	行业类型	均值	中位数	全距	标准差	卡方值	自由度	显著性概率
年度内董事会的会议次数	钢铁行业	7.82	7	17	2.981	10.902	4	0.028**
	汽车业	8.14	8	33	3.216			
	有色金属业	7.64	7	15	2.702			
	石化业	7.87	7	18	2.720			
	物流业	8.67	8	28	3.668			
年度内以通信方式召开的董事会会议次数	钢铁行业	1.10	0.00	16	2.431	4.676	4	0.322
	汽车业	1.48	1.34	32	2.768			
	有色金属业	1.31	1.00	8	1.789			
	石化业	1.30	1.00	13	2.052			
	物流业	1.41	1.34	9	1.797			

注：(1) Kruskal-Wallis Test。(2) Grouping Variable：行业类别。(3) ＊＊表示显著性水平为 0.05。

4.2.4.4 董事会激励特征的对比及差异性检验结果

我们分别选取了上市公司董事会的报酬和持股状况来反映其激励特征

的深度和广度。首先我们从激励的深度来分析，金额最高的前三名董事的报酬总额钢铁行业的均值为56.29万元，汽车业为65.72万元，有色金属业为77.9万元，石化业为57.65万元，物流业为76.85万元，钢铁行业最低；独立董事平均津贴钢铁行业为4.45万元，仅低于物流业的4.86万元，位居第二；董事人均报酬钢铁行业的均值为8.45万元，汽车业为9.35万元，有色金属业为11.07万元，石化业为7.86万元，物流业为11.56万元，钢铁行业水平位居第四。

接下来分析5个对比行业在激励广度的表现。在持有本公司股份的董事总人数这一指标上，钢铁行业上市公司为1.98人，高于其他4个行业，处于领先地位；在领取报酬的董事总人数这一指标上，钢铁行业上市公司为6.74人，低于石化业的6.95人、物流业的6.84人、有色金属业的6.81人，位居第四；在董事会持股比例这一指标上，钢铁行业上市公司为0.007‰，处于5个行业的最低水平；在董事长持股比例这一指标上，钢铁行业上市公司为0.002‰，仅高于有色金属业的0.0015‰，位居第四。从以上数据可以看出，相较于对比行业，钢铁行业的报酬水平偏低，激励深度明显不足，激励广度也明显较窄，激励机制尚需完善。

检验结果显示，除了董事长持股比例指标的显著性概率为0.029，在0.05的显著水平下通过检验外，其余指标的显著性概率均为0.000，在显著性水平为0.01的水平上显著，因此接受假设 H_1，认为5个总体有显著差异，即5个行业上市公司董事会的激励特征具有显著差异，具体数据见表4-7。

表4-7　分行业的董事会激励特征描述性统计及检验结果

特征变量	行业类型	均值	中位数	全距	标准差	卡方值	自由度	显著性概率
金额最高的前三名董事的报酬总额（万元）	钢铁行业	56.29	45.000	234.380	41.126	32.016	4	0.000***
	汽车业	65.72	44.100	377.060	62.820			
	有色金属业	77.90	65.109	353.150	70.670			
	石化业	57.65	57.650	428.735	49.176			
	物流业	76.85	65.110	577.800	62.830			
独立董事津贴（万元）	钢铁行业	4.45	4.000	25.000	3.506	70.853	4	0.000***
	汽车业	3.98	3.600	11.216	1.931			
	有色金属业	4.08	3.000	15.460	2.460			
	石化业	3.61	3.000	15.000	2.052			
	物流业	4.86	4.030	36.000	3.210			

续表

特征变量	行业类型	均值	中位数	全距	标准差	卡方值	自由度	显著性概率
董事人均报酬（万元）	钢铁行业	8.45	6.837	45.051	7.589	34.694	4	0.000***
	汽车业	9.35	6.648	57.284	8.795			
	有色金属业	11.07	7.220	46.005	11.258			
	石化业	7.86	5.918	65.160	7.766			
	物流业	11.56	9.220	103.390	11.660			
持有本公司股份的董事总人数	钢铁行业	1.98	1	8	2.344	28.833	4	0.000***
	汽车业	0.96	0	8	1.652			
	有色金属业	1.51	0	9	2.288			
	石化业	1.66	1	9	2.123			
	物流业	1.45	0	8	2.056			
领取报酬的董事总人数	钢铁行业	6.74	6	13	2.277	26.374	4	0.000***
	汽车业	6.05	6	13	2.446			
	有色金属业	6.81	6	15	2.695			
	石化业	6.95	7	15	2.428			
	物流业	6.84	6	19	2.751			
董事会持股比例（‰）	钢铁行业	0.007	0	2.007	0.282	26.545	4	0.000***
	汽车业	0.029	0	2.273	0.199			
	有色金属业	0.008	0	0.096	0.165			
	石化业	1.487	0	55.910	6.906			
	物流业	0.980	0	62.160	0.070			
董事长持股比例（‰）	钢铁行业	0.002	0	0.779	0.110	10.776	4	0.029***
	汽车业	0.022	0	2.273	0.198			
	有色金属业	0.015	0	0.033	0.043			
	石化业	0.805	0	48.690	4.350			
	物流业	0.620	0	47.330	0.050			

注：（1）Kruskal-Wallis Test。（2）Grouping Variable：行业类别。（3）*** 表示显著性水平为0.01；** 表示显著性水平为0.05。

4.2.4.5 董事会素质特征的对比及差异性检验结果

本章根据数据的可获得性选择了董事平均年龄和董事性别比例两个变量来反映董事会的素质特征。钢铁行业上市公司董事的平均年龄为48.75岁，性别比例为0.924，均处于各行业的领先地位。董事平均年龄的高低排序为钢铁行业、物流业、有色金属业、汽车业和石化业；董事性别比例的高低排序为钢铁行业、有色金属业、汽车业、石化业和物流业。

检验结果显示，董事平均年龄和董事性别比例的显著性概率为 0.000，在显著性水平为 0.01 的水平上显著，因此接受假设 H_1，认为 5 个总体有显著差异，即 5 个行业上市公司的董事会素质特征具有显著差异。具体数据见表 4-8。

表 4-8　分行业的董事会素质特征描述性统计及检验结果

董事会特征	行业类型	均值	中位数	全距	标准差	卡方值	自由度	显著性概率
董事平均年龄	钢铁行业	48.750	49	17	3.425	106.576	4	0.000***
	汽车业	46.900	47	18	3.405			
	有色金属业	47.490	48	14	2.780			
	石化业	46.020	46	19	3.401			
	物流业	47.660	48	17	3.031			
董事性别比例	钢铁行业	0.924	0.94	0.29	0.068	63.530	4	0.000***
	汽车业	0.903	0.90	0.33	0.072			
	有色金属业	0.919	0.94	0.31	0.065			
	石化业	0.880	0.89	0.47	0.089			
	物流业	0.870	0.86	0.46	0.102			

注：（1）Kruskal-Wallis Test。（2）Grouping Variable：行业类别。（3）*** 表示显著性水平为 0.01 。

4.2.4.6　董事会稳定性特征的对比及差异性检验结果

本书设定 1 为董事长变更，0 为董事长不变更，从统计结果上看各行业董事长在统计年度内均倾向于不变更，钢铁行业上市公司的值为 0.21，位于第二位。

检验结果显示，董事长是否变更这一变量的显著性概率为 0.883，在任何显著性水平下均无法通过检验，因此接受假设 H_0，认为 5 个总体没有显著差异，即 5 个行业上市公司的董事会稳定性特征不具有显著差异。具体数据见表 4-9。

表 4-9 分行业的董事会稳定性特征描述性统计及检验结果

董事会特征	行业类型	均值	中位数	全距	标准差	卡方值	自由度	显著性概率
董事长是否变更	钢铁行业	0.210	0	1	0.412	1.173	4	0.883
	汽车业	0.202	0	1	0.400			
	有色金属业	0.202	0	1	0.401			
	石化业	0.196	0	1	0.394			
	物流业	0.223	0	1	0.416			

注：（1）Kruskal-Wallis Test。（2）Grouping Variable：行业类别。

4.3 钢铁行业上市公司董事会特征变量的描述和修正

本章在讨论公司董事会特征的行业差异性的基础上，通过实证研究检验了行业类别和董事会特征的内在相关关系，结论提示不同行业上市公司的董事会特征存在明显差异性。从董事会特征各变量的描述性统计和检验结果可知：独立董事比例、年度内以通信方式召开的董事会会议次数、战略委员会、提名委员会和董事长是否变更 5 个变量没有通过任何显著性水平下的 Kruskal-Wallis 检验，其余变量均通过检验，说明董事会在结构特征、构成特征、激励特征、素质特征和行为特征方面具有行业差异性，稳定性特征不具有行业差异性，即从理论和实证两个角度分别证明了钢铁行业董事会的结构特征、构成特征、激励特征、行为特征和素质特征完全不同于其他对比行业，因此笔者认为非常有必要单独研究钢铁行业上市公司董事会特征与公司绩效关系这一课题。

从对比结果得知钢铁行业上市公司董事会出现了结构偏大、职能部门设置全面、行为能力较弱、激励深度和广度较低、素质较高、稳定性较高等特征。我们可以从行业属性和产权属性两个角度简单分析其原因。首先，钢铁行业属于资源型行业，行业内公司规模较大，大型公司往往需要大型的管理机构，所以，钢铁行业上市公司的董事会出现了董事会结构偏大的特征。同时，由于该行业的企业多数具有国有属性，国有独资企业具有较强的行政色彩，所以，钢铁行业上市公司的董事会又表现出职能部门全、激励程度低、人员素质高等特征。

根据以上分析，笔者将钢铁行业董事会特征变量进行了修正，修正的原则是只要在某一个特征维度存在具有显著性差异的特征变量，就保留该维度，这样笔者删除了董事会稳定性特征这一维度，同时由于战略委员会和提名委员会并未普遍设立，因此将其删除，这样钢铁行业上市公司董事会特征指标体系就修正为 5 个维度 17 个变量，具体情况见表 4-10。

表 4-10　钢铁行业上市公司董事会特征变量的修正和描述

特征维度	变量名称	对比结果
结构特征	董事会规模	大
	独立董事规模	大
	独立董事比例	高
构成特征	审计委员会	设立普及率高
	薪酬与考核委员会	设立普及率高
	董事长与总经理两职设置	两职分离度高
行为特征	年度董事会会议次数	低
	年度内以通信方式召开的董事会会议次数	低
激励特征	金额最高的前三名董事的报酬总额	较低
	独立董事年平均津贴	较高
	持有本公司股份的董事总人数	较高
	董事会持股比例	较低
	领取报酬的董事总人数	中等
	董事人均报酬	较低
	董事长持股比例	较低
素质特征	董事平均年龄	高
	董事性别比例	高

4.4　本章小结

董事会起源的内生说认为不存在所谓统一的最优的董事会模式，不同的文化背景、不同的经济发展阶段、不同的市场发育程度等差别都会影响董事会模式和特征。本章以有色金属业、汽车业、石化业和物流业上市公司作为对比样本，以董事会特征作为检验变量，行业类别为分组变量，使用多个独立样本单向方差秩检验的方法，对5个行业上市公司董事会特征进行了对比分析。从Kruskal-Wallis的检验结果可知：战略委员会、提名委员会、独立董事比例、年度内以通信方式召开的董事会会议次数和董事长是否变更5个变量没有通过Kruskal-Wallis检验，其余变量均通过检验，说明董事会在结构特征、构成特征、激励特征、素质特征和行为特征方面具有行业内生性，进而证明了钢铁行业上市公司董事会的结构特征、构成特征、激励特征、行为特征和素质特征完全不同于其他对比行业，并在此基础上对钢铁行业上市公司董事会的特征进行了描述性统计分析，指出钢铁行业上市公司董事会表现出结构偏大、职能部门设置全面、行为能力较弱、激励深度和广度较低、素质较高、稳定性较高等特征。最后本章对钢铁行业上市公司董事会特征指标体系进行了修正，指标体系由原来的6个维度20个变量修正为5个维度17个变量。

第5章 钢铁行业上市公司绩效评价

5.1 钢铁行业上市公司绩效评价方法

公司绩效评价体系应以反映上市公司盈利能力的各种指标为核心，同时考虑选择其他相关指标，如市盈率、流动比例和速动比例等指标，以提高相应评价内容的含量及信息。本章在回顾了公司绩效评价的业界常用方法和学术界提出的评价方法的基础上，充分考虑到绩效评价的综合性、可比性和可测性，以钢铁行业上市公司公布的财务报表信息为客体，确定了钢铁行业上市公司绩效评价体系，具体指标见图3-2，并采用因子分析法对钢铁行业上市公司绩效进行综合评价。

因子分析起源于20世纪初K.pearson和C.Spearman等学者定义和测定智力所做的统计分析。因子分析的目的是用几个不可观测的随机变量来解释原始变量之间的相关关系，它是主成分分析的推广和发展，也是一种重要的降维方法。因子分析的基本思想是通过变量的相关系数矩阵或协方差矩阵内部结构的研究，找出能控制所有变量的少数几个随机变量去描述多个变量之间的相关关系。然后根据相关性大小把变量分组，使得同组内的变量之间相关性较高，不同组的变量之间相关性较低。每组变量代表一个基本结构，这个基本结构称为公共因子或主因子。在经济统计中，从一些有错综复杂关系的经济现象中找出少数几个主因子，抓住这些主因子就可以帮助我们对复杂的经济问题进行分析和解释。它不需要人为确定各指标的权重，而是通过对大量数据内部结构的分析，得出评价结果，客观性较强。

本章首先对选取的各样本公司的绩效指标进行因子分析，将其浓缩和提炼为少数几个重要因子。在此基础上对各公因子进行命名，并将其作为衡量公司绩效水平的最终结果，为第 6 章分析董事会特征与公司绩效的关系做数据准备。统计分析使用的工具为 SPSS 11.5 For Windows。

5.2 数据来源和样本选择

本章以钢铁行业上市公司为研究对象，对其绩效进行评价，所以，首先需要界定钢铁行业。本章对于钢铁行业界定的依据是中国证监会编制的《上市公司行业分类指引》（以下简称《指引》），该《指引》中的 C65 项包括炼铁业、炼钢业、钢压延加工业和铁合金冶炼业，即为本章所研究的钢铁行业。笔者通过色诺芬公司的一般财务数据库收集了 2004~2008 年存续的共 159 家钢铁行业上市公司的相关财务数据，由于上市公司存在新上市和退市的情况，为了保证样本数据的连续性，本章只选择在研究年度内连续存在的上市公司，进而剔除了三钢闽光（股票代码 002110）、柳钢股份（股票代码 601003）、重庆钢铁（股票代码 601005）[①] 三只股票 2006~2008 年的数据，最终得到 150 个样本公司。本章缺失的数据则使用手工查询上市公司年报、上海证券交易所网站、深圳证券交易所网站、巨潮咨询和新浪财经等途径获得，并对所获得的数据进行了归纳和整理。

5.3 公司绩效评价的指标选取

本章选择了 10 个指标来综合评价公司绩效，它们分别是总资产利润率（y_1）、每股收益（摊薄净利润）（y_2）、资产收益率（y_3）、净资产增长率（y_4）、总资产增长率（y_5）、营业收入增长率（y_6）、营业利润增长率（y_7）、流动比率（y_8）、速动比率（y_9）和市盈率（y_{10}）。具体指标及其含义见表 5-1，钢铁行业上市公司各绩效指标的具体情况见附录 5 至附录 9。

① 这三个样本公司均在 2006 年上市，所以在研究年度内不具有存在的连续性，因此将其剔除。

表 5-1 钢铁行业上市公司绩效评价指标体系

指标名称	指标代码	计算公式①
总资产利润率	y_1	企业一定时期内获得的营业利润与平均总资产的比率。它表示企业包括净资产和负债在内的全部资产的总体获利能力，对揭示上市公司盈利能力的作用较大
每股收益（摊薄净利润）	y_2	本指标是指本期净利润与本期发行在外的普通股总数的比值。它是测定股票投资价值的重要指标之一。该比率反映了每股创造的税后净利润，比率越高，表明所创造的税后净利润越多。其计算公式为：每股收益（摊薄净利润）= 净利润/期末总股本
资产收益率	y_3	资产收益率是企业净利率与平均资产总额的百分比。资产收益率计算公式为：资产收益率 =（净利润 / 平均资产总额）× 100%，表明企业资产利用的综合效果。指标越高，表明资产的利用效率越高，说明企业在增加收入和节约资金使用等方面取得了良好的效果；否则相反
净资产增长率	y_4	本指标是反映公司净资产（所有者权益合计）的增长情况，其计算公式为：净资产增长率 = 本期净资产/前一期净资产 - 1
总资产增长率	y_5	本指标是反映公司总资产的增长情况，其计算公式为：总资产增长率 = 本期总资产/前一期总资产 - 1
营业收入增长率	y_6	营业收入增长率是本期营业收入与上期营业收入之差与上期营业收入的比值。用公式表示为：营业收入增长率 =（本期营业收入 - 上期营业收入）/ 上期营业收入 × 100%
营业利润增长率	y_7	营业利润增长率是本期营业利润与上期营业利润的比值，然后减 1。用公式表示为：主营业务收入增长率 = 本期营业利润/ 上期营业利润 - 1
流动比率	y_8	流动比率是流动资产除以流动负债，其计算公式为：流动比率 = 流通资产/流动负债。流动性比率是最常用的财务指标，它测量企业偿还短期债务的能力。在正常情况下，流动比率应该大于 1。流动比率越高，企业偿还短期债务的能力越强
速动比率	y_9	速动比率是指企业在一定经营期间的速动资产与流动负债的比率。速动比率是反映流动财务状况的比率之一，是衡量企业流动资产中可以立即用于偿付流动负债的能力。速动比率的计算公式为：速动比率 =（流动资产 - 存货）/流动负债
市盈率	y_{10}	市盈率是（普通股）每股市价与每股收益的比率，亦称为本益比。其计算公式为：市盈率 = 价格/每股收益。该指标是衡量上市公司盈利能力的重要指标，反映投资者对每 1 元净利润所愿意支付的价格，可以用来估计公司股票的投资报酬和风险，是市场对公司的共同期望指标。一般来说，市盈率越高，表明市场对公司的未来越看好

① 书中对于各绩效指标含义的界定均来自于色诺芬一般上市公司财务数据库的数据字典。详见北京大学中国经济研究中心研发的色诺芬数据库，其网址是 http：//www.sinofin.net/。

5.4 因子分析过程及其结果

5.4.1 标准化处理

不同评价指标往往具有不同的量纲和量纲单位，指标的数值大小与评价标准不同，各指标的优劣标准不同，为了得到总体评价结果，要将各评价指标作无量纲化处理。所谓无量纲化，即对评价指标数值的标准化、正规化处理，它通过一定的数学变换来消除指标量纲影响，把性质、量纲各异的指标转化为可以进行综合的一个相对数量化值（朱孔来，1997）。

考虑到这 10 个指标具有不同的量纲，为了尽可能地反映实际情况，消除由于量纲不同可能带来的影响，在进行因子分析之前首先对原始数据进行了标准化处理。变量标准化的计算公式如下：

$$X_{ij} = \frac{x_{ij} - \bar{x}_j}{\sigma_j} \tag{5.1}$$

其中，x_{ij} 为样本观测值，x_j 和 σ_j 分别为第 j 项数据观测值的样本均值和样本方差。

5.4.2 因子分析输出结果

由于本章选取的反映公司绩效的 10 个指标之间具有错综复杂的关系，因此我们使用因子分析方法找出各变量之间的内在联系，并将这些复杂的因素提炼为几个综合因子，进而展开深入分析。本章在对这 10 个变量进行因子分析时，采用了巴特利特检验（Bartlett's Test）和 KMO 检验来考察变量之间的相关性，采用的因子抽取方法是主成分法（Principal Components），选择的旋转方法是最大方差旋转法（Varimax），旋转的目的是保证各公因子之间彼此正交。对于样本中缺失值的处理方法为成对方式排除法（Exclude Cases Pairwise）。因子分析输出结果详见表 5-2 至表 5-7 以及图 5-1。

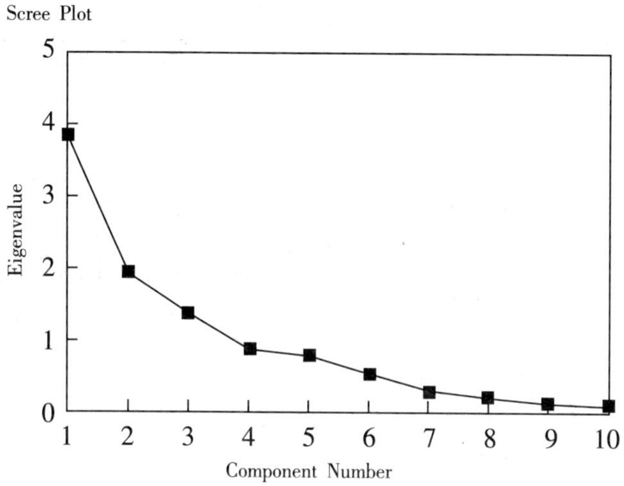

图 5-1 碎石图

表 5-2 巴特利特检验和 KMO 检验结果

KMO 检验结果		0.639
巴特利检验结果	Approx. Chi-Square	890.519
	df	45.000
	Sig.	0.000

表 5-3 共同度

公司绩效指标	Initial	Extraction
总资产利润率（y_1）	1.000	0.911
每股收益（摊薄净利润）（y_2）	1.000	0.816
资产收益率（y_3）	1.000	0.801
净资产增长率（y_4）	1.000	0.610
总资产增长率（y_5）	1.000	0.841
营业收入增长率（y_6）	1.000	0.490
营业利润增长率（y_7）	1.000	0.724
流动比率（y_8）	1.000	0.917
速动比率（y_9）	1.000	0.938
市盈率（y_{10}）	1.000	0.958

Extraction Method：Principal Component Analysis.

表 5-4 总方差分解表

Component	Initial Eigenvalues			Extraction Sums of Squared Loadings			Rotation Sums of Squared Loadings		
	Total	% of Variance	Cumulative %	Total	% of Variance	Cumulative %	Total	% of Variance	Cumulative %
1	3.837	38.370	38.370	3.837	38.370	38.370	2.883	28.830	28.830
2	1.931	19.308	57.678	1.931	19.308	57.678	2.096	20.960	49.790
3	1.362	13.624	71.302	1.362	13.624	71.302	1.982	19.818	69.608
4	0.876	8.757	80.059	0.876	8.757	80.059	1.045	10.451	80.059
5	0.781	7.808	87.867						
6	0.535	5.351	93.218						
7	0.294	2.943	96.160						
8	0.200	1.995	98.156						
9	0.107	1.074	99.229						
10	0.077	0.771	100.000						

Extraction Method: Principal Component Analysis.

表 5-5 初始负荷矩阵（a）

公司绩效指标	公因子			
	Y_1	Y_2	Y_3	Y_4
总资产利润率（y_1）	0.882	-0.121	-0.217	0.266
每股收益（摊薄净利润）（y_2）	0.814	-0.045	-0.360	0.150
资产收益率（y_3）	0.842	-0.120	-0.254	0.119
净资产增长率（y_4）	0.637	0.450	-0.039	-0.024
总资产增长率（y_5）	0.554	0.652	0.189	-0.271
营业收入增长率（y_6）	0.540	0.369	0.198	0.151
营业利润增长率（y_7）	0.371	0.357	0.617	-0.279
流动比率（y_8）	0.540	-0.713	0.324	-0.112
速动比率（y_9）	0.467	-0.694	0.466	-0.143
市盈率（y_{10}）	-0.189	0.141	0.585	0.749

Extraction Method: Principal Component Analysis.

a 4 components extracted.

表 5-6　旋转后负荷矩阵（a）

公司绩效指标	公因子			
	Y_1	Y_2	Y_3	Y_4
总资产利润率（y_1）	0.913	0.139	0.242	0.017
每股收益（摊薄净利润）（y_2）	0.876	0.125	0.109	-0.142
资产收益率（y_3）	0.841	0.151	0.237	-0.122
净资产增长率（y_4）	0.503	0.582	-0.121	-0.056
总资产增长率（y_5）	0.231	0.870	-0.133	-0.116
营业收入增长率（y_6）	0.386	0.542	-0.007	0.217
营业利润增长率（y_7）	-0.106	0.803	0.246	0.091
流动比率（y_8）	0.267	-0.021	0.918	-0.042
速动比率（y_9）	0.131	0.038	0.959	0.015
市盈率（y_{10}）	-0.142	0.042	-0.019	0.967

Extraction Method：Principal Component Analysis.
Rotation Method：Varimax with Kaiser Normalization.
a　Rotation converged in 6 iterations.

表 5-7　因子值相关矩阵（a）

公司绩效指标	公因子			
	Y_1	Y_2	Y_3	Y_4
总资产利润率（y_1）	0.375	-0.112	-0.015	0.144
每股收益（摊薄净利润）（y_2）	0.357	-0.102	-0.078	-0.017
资产收益率（y_3）	0.315	-0.074	0.001	-0.010
净资产增长率（y_4）	0.127	0.226	-0.123	-0.031
总资产增长率（y_5）	-0.078	0.460	-0.065	-0.168
营业收入增长率（y_6）	0.105	0.206	-0.050	0.227
营业利润增长率（y_7）	-0.259	0.494	0.198	-0.020
流动比率（y_8）	-0.032	-0.018	0.476	-0.031
速动比率（y_9）	-0.109	0.042	0.524	-0.004
市盈率（y_{10}）	0.085	-0.048	-0.020	0.955

Extraction Method：Principal Component Analysis.
Rotation Method：Varimax with Kaiser Normalization.
Component　Scores.

一般认为，当 KMO 检验值在 0.5 以上时，比较适合做因子分析。根据表 5-2，该测量结果 KMO 值为 0.639，属于中上等水平；巴特利特检验值为 890.519（$\alpha = 0.000$），通过显著性检验，表明该数据适合做因子分析。根据表 5-4，当提取出 4 个因子时，累计方差贡献率达到了 80.059%，这 4 个因子已包含全部变量 80%以上的信息量，能较好地反映钢铁行业上市公司的经营绩效。

5.4.3 因子命名

将提取的 4 个公因子分别用 Y_1、Y_2、Y_3 和 Y_4 来表示，根据所选择的公因子的特征向量来计算公因子的负荷，求出负荷矩阵并作正交旋转，结果见表 5-6（旋转后负荷矩阵）。表中数字表示某个变量 y_i 与公因子 Y_j 之间的相关系数，表 5-6 显示，第一个公因子 Y_1 与总资产利润率 y_1、每股收益（摊薄净利润）y_2 和资产收益率 y_3 的相关系数较大，这 3 个变量可以从不同角度反映上市公司的收益能力，因此本章将 Y_1 命名为收益能力因子。第二个公因子 Y_2 与总资产增长率 y_5、营业利润增长率 y_7 和净资产增长率 y_4 的相关系数较大，这 3 个变量可以从不同角度反映上市公司的未来发展潜力，因此本章将 Y_2 命名为成长能力因子。第三个公因子 Y_3 与流动比率 y_8、速动比率 y_9 的相关系数较大，这 2 个变量可以从不同角度反映上市公司抵御风险的能力，因此本章将 Y_3 命名为抗风险能力因子。第四个公因子 Y_4 与市盈率 y_{10} 的相关系数较大，这个变量反映了证券市场对上市公司盈利能力的评价，因此本章将 Y_4 命名为市场评价能力因子。

表 5-7 因子值相关矩阵给出了根据统计软件输出结果计算出的因子得分表达式的系数，据此写出这 4 个公因子的因子得分表达式如下：

$$\begin{aligned}
Y_1 &= 0.375y_1 + 0.357y_2 + 0.315y_3 + 0.127y_4 - 0.078y_5 + 0.105y_6 \\
&\quad - 0.259y_7 - 0.032y_8 - 0.109y_9 + 0.085y_{10} \\
Y_2 &= -0.112y_1 - 0.102y_2 - 0.074y_3 + 0.226y_4 + 0.46y_5 + 0.206y_6 \\
&\quad + 0.494y_7 - 0.018y_8 + 0.042y_9 - 0.048y_{10} \\
Y_3 &= -0.015y_1 - 0.078y_2 + 0.001y_3 - 0.123y_4 - 0.065y_5 - 0.05y_6 \\
&\quad + 0.198y_7 + 0.476y_8 + 0.524y_9 - 0.02y_{10} \\
Y_4 &= 0.144y_1 - 0.017y_2 - 0.01y_3 - 0.031y_4 - 0.168y_5 + 0.227y_6 \\
&\quad - 0.02y_7 - 0.031y_8 - 0.004y_9 + 0.955y_{10}
\end{aligned} \tag{5.2}$$

由上述 4 个公式就可以计算出 150 个样本公司的 4 个公因子的得分，具体得分详见附录 10。

表 5-8　钢铁行业上市公司绩效评价的因素分析摘要

指标名称	解释变异量（%）	累计解释变异量（%）	抽取的因子				
			收益能力因子（Y_1）	成长能力因子（Y_2）	抗风险能力因子（Y_3）	市场评价能力因子（Y_4）	共同度
总资产利润率（y_1）	28.83	28.83	0.913				0.911
每股收益（摊薄净利润）（y_2）			0.876				0.816
资产收益率（y_3）			0.841				0.801
净资产增长率（y_4）	20.96	49.79		0.582			0.610
总资产增长率（y_5）				0.870			0.841
营业收入增长率（y_6）				0.542			0.490
营业利润增长率（y_7）				0.803			0.724
流动比率（y_8）	19.82	69.61			0.918		0.917
速动比率（y_9）					0.959		0.938
市盈率（y_{10}）	10.45	80.06				0.967	0.958
特征值			3.837	1.931	1.362	0.876	

5.5　本章小结

本章使用了因子分析方法作为钢铁行业上市公司绩效评价的主要方法，选择了总资产利润率（y_1）、每股收益（摊薄净利润）（y_2）、资产收益率（y_3）、净资产增长率（y_4）、总资产增长率（y_5）、营业收入增长率（y_6）、营业利润增长率（y_7）、流动比率（y_8）、速动比率（y_9）和市盈率（y_{10}）10 个反映公司绩效的相关指标，通过因子分析提炼出 4 个公因子，分别将其命名为收益能力因子、成长能力因子、抗风险能力因子和市场评价能力因子，并将其作为衡量公司绩效水平的最终结果，为第 6 章的深入研究做了数据准备。

第6章 钢铁行业上市公司董事会特征与公司绩效关系的实证研究

董事会具有绩效后果，这一命题暗含的逻辑是董事有能力影响公司的治理、决策和战略，最终影响到绩效。一系列直接的证据已经证明了董事会对战略决策的影响，那么董事会如何影响公司绩效就是上述命题的自然逻辑延伸（Hillman 等，2001）。众多的实证研究表明，董事会是通过其特征来影响公司绩效的，如 Barnhart 和 Rosenstein（1998）研究独立外部董事比例与公司绩效的关系，结果显示独立外部董事比例和公司业绩之间存在一种曲线关系。王跃堂、赵子夜和魏晓雁（2006）研究了独立董事比例对公司绩效的影响，研究结果表明更多的独立董事有助于促进公司绩效。还有很多学者从董事会规模、董事会持股、董事会领导权设置、董事会会议次数等特征角度研究了董事会对公司绩效的影响，因此，笔者将董事会特征与公司绩效的关系描述为如图 6-1 所示。

之所以选择以上这些变量来描述钢铁行业董事会特征，主要是基于以下三方面的考虑：首先，现有的理论研究成果均部分采用了以上变量作为董事会特征变量，这些董事会特征变量涵盖了大量的研究工作（Zahra 和 Pearce，1989），能够较为全面地反映董事会特征；其次，充分考虑了数据的可获得性；最后，也是最重要的原因是在第 4 章的分析中，这些变量是通过克鲁斯卡尔—沃利斯（Kruskal-Wallis）单向方差秩检验和对比分析选择出来的能够反映钢铁行业上市公司董事会特征的描述变量。

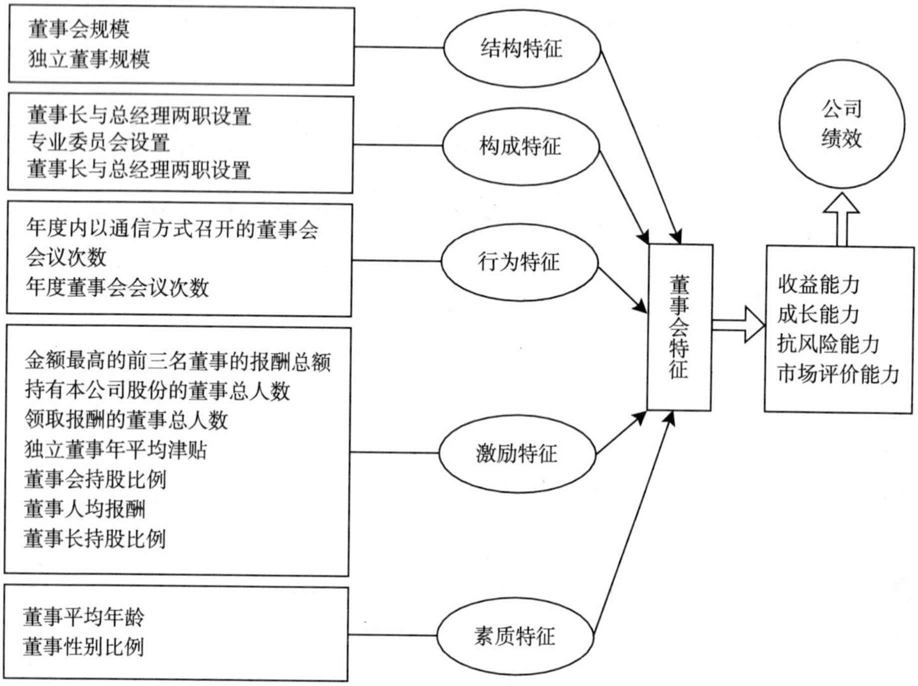

图 6-1 钢铁行业上市公司董事会特征与公司绩效的关系

6.1 基于理论分析与现实观察的研究假设

本章在第 4 章研究的基础上提出了钢铁行业上市公司的董事会特征指标体系，在第 5 章研究的基础上给出了钢铁行业上市公司绩效的四个维度，这四个方面分别是收益能力、成长能力、抗风险能力和市场评价能力。因为董事会特征从不同角度对公司绩效发挥作用，所以本节在第 3 章理论研究的基础上，结合企业实际调查，分别提出了董事会特征与公司绩效关系的研究假设。

6.1.1 董事会结构特征与公司绩效关系的研究假设

本章所指的董事会结构特征主要包括董事会规模、独立董事规模、独立董事比例三个变量。由于独立董事比例是独立董事规模与董事会规模的比值，与前两个变量具有多重共线性，下面我们仅讨论董事会规模与独立董事规模这两个变量与公司绩效关系的假设。

6.1.1.1　董事会规模与公司绩效关系的研究假设

代理理论和组织行为理论认为尽管董事会的规模越大，其监控能力也会增加，但是由此带来的代理成本也将增加，甚至超过上述利益，如决策制定速度减慢、错过最佳的投资时机这种情形时有发生。另外，董事会规模过大会导致董事会成员之间缺乏沟通，并增大协调的难度，这样可能进一步影响公司绩效的提高，所以提出“规模相对较大的董事会不利于提高公司绩效”的观点。另外，由于钢铁行业上市公司的董事会成员大多由其控股股东国资委提名或任命，董事会成员尤其是董事长均具有行政级别，如 2007 年 1 月起任鞍山钢铁集团公司党委书记、总经理，鞍钢股份（000898）董事长的张晓刚就是由中组部任命的享有副部级（副省级）待遇的官员，所以由多数官员所组建的董事会在工作中必然具有官僚性，随着董事会规模的增大，这种官僚性也会越发严重，为了获取仕途的资本，他们在决策时就要更多地关注于企业的稳定性，而非收益性。根据第 4 章对钢铁行业上市公司董事会规模的统计数据，笔者发现董事会规模的均值为 10.73 人，高于其他对比行业，这说明钢铁行业上市公司的董事会规模处于一个较高的水平，所以，依据边际效益递减规律，董事会规模越大，公司绩效将会越低。因此，提出假设 6.1：

假设 6.1：钢铁行业上市公司董事会规模与公司绩效负相关。

由于本章将公司绩效分为四个维度，所以将这一假设分解为如下分假设：①

假设 6.1a：钢铁行业上市公司董事会规模与公司收益能力负相关。

假设 6.1b：钢铁行业上市公司董事会规模与公司成长能力负相关。

假设 6.1c：钢铁行业上市公司董事会规模与公司抗风险能力负相关。

假设 6.1d：钢铁行业上市公司董事会规模与公司市场评价能力负相关。

---

① 下面各研究假设都按照公司绩效的四个维度分为四个分假设，为节约篇幅不再赘述，特此说明。

6.1.1.2　独立董事规模与公司绩效关系的研究假设

中国证监会于 2001 年 8 月发布了《关于在上市公司建立独立董事制度的指导意见》，该指导意见要求：每个上市公司应聘请适当人员担任独立董事，其中至少包括一名会计人员，并在 2003 年 6 月 30 日前实现上市公司董事会成员中至少包括 1/3 独立董事，至此，拉开了我国上市公司独立董事制度建设的序幕。这里的独立董事是指不在公司担任董事外的其他职务，并与其所受聘的上市公司及其主要股东不存在可能妨碍其进行独立客观判断的关系的董事。① 由于我国独立董事制度是政策引导下强制性的产物，并非经济发展水到渠成的结果，所以，在其引入之初在企业界和学术界就备受争议。经过了几年的建设，我们从实证的角度得出了独立董事的引入有利于提高公司绩效的结论。

Yangmin Kim（2007）选用 473 家韩国上市公司 1998~2003 年的数据进行研究，把独立董事的社会身份作为一个变量因素，运用 GLS 检验方程证明了独立董事的社会资源与公司业绩呈正相关关系。其原因是独立董事的社会资源能帮助公司建立有效的外部网络。李善民和陈正道（2002）选择了 2002 年以前中国证券市场深、沪两市 114 家聘请独立董事的公司作为研究对象，采用事件研究法对其股价变动进行了实证研究，发现上市公司在整个事件期能够获得累计超常收益的前提是其聘请了独立董事，进一步分析发现有经济管理类专业独立董事的公司在事件期更易获得正的累计超常收益。独立董事之所以能够提升公司绩效，主要是因为独立董事具有充分的独立性，其不依附或受制于任何利益集团，他们可以在监督公司经营管理、保护股东权益、提高决策科学度等方面发挥一定作用，尤其是在“内部人控制”相对突出的我国证券市场，它的这种作用更为突出。基于上述分析，提出如下待检验的假设：

假设 6.2：钢铁行业上市公司独立董事规模与公司绩效正相关。

假设 6.2a：钢铁行业上市公司独立董事规模与公司收益能力正相关。

假设 6.2b：钢铁行业上市公司独立董事规模与公司成长能力正相关。

假设 6.2c：钢铁行业上市公司独立董事规模与公司抗风险能力正相关。

假设 6.2d：钢铁行业上市公司独立董事规模与公司市场评价能力正

---

① 中国证监会：《关于在上市公司建立独立董事制度的指导意见》，《中国证券报》2001 年 8 月 22 日。

相关。

6.1.2 董事会构成特征与公司绩效关系的研究假设

6.1.2.1 专业委员会的设置与公司绩效关系的研究假设

由于公司业务多元化、跨地域和高速发展，为提高董事会的决策能力和决策效率，有效防范个人决策失误对公司发展带来的风险，公司应根据自身实际情况合理设置董事会专业委员会以辅助决策。专业委员会主要包括审计委员会、提名委员会、战略委员会和薪酬与考核委员会，作为董事会下属辅助工作机构，专业委员会的职责是对董事会重大控制内容进行专业化划分，通过有效利用公司外部专家资源及内部部门管理人员的经验，为董事会提供决策依据，以保证董事会决策的科学性、准确性、合法性。专业委员会向董事会负责并汇报工作，为保证更好地开展工作，各专业委员会可以聘请专业评估师、独立财务顾问、法律顾问等中介机构为其提供专业意见。在钢铁行业上市公司中，公司规模普遍较大，业务量较多，因此董事会的工作量就相应较大，这样就更加需要配备专业委员会来辅助董事会工作。根据第 4 章对钢铁行业上市公司董事会特征指标的修订，本章只选取钢铁行业上市公司普遍设立的审计委员会和薪酬与考核委员会这两个指标来加以讨论。结合专业委员会设立的初衷和实际观察，本章提出假设 6.3 和 6.4，并将其分解如下：

假设 6.3：审计委员会的设置与公司绩效正相关。

假设 6.3a：审计委员会的设置与公司收益能力正相关。

假设 6.3b：审计委员会的设置与公司成长能力正相关。

假设 6.3c：审计委员会的设置与公司抗风险能力正相关。

假设 6.3d：审计委员会的设置与公司市场评价能力正相关。

假设 6.4：薪酬与考核委员会的设置与公司绩效正相关。

假设 6.4a：薪酬与考核委员会的设置与公司收益能力正相关。

假设 6.4b：薪酬与考核委员会的设置与公司成长能力正相关。

假设 6.4c：薪酬与考核委员会的设置与公司抗风险能力正相关。

假设 6.4d：薪酬与考核委员会的设置与公司市场评价能力正相关。

6.1.2.2 董事长与总经理两职设置与公司绩效关系的研究假设

代理理论指出，在现代公司制的委托—代理关系中，利益冲突与信息不对称时时存在，处处存在，所以在股东监管不力的情况下，经理层所做的决策就可能背离股东的利益，由此而引发了代理问题。所以，为了避免代理问题的发生，或为了最小化代理成本，董事会应运而生，公司将决策制订和执行权授予经理层，决策控制权授予董事会。这样，董事会就成为协调经理层与股东利益冲突的最重要的制衡机制，以此来解决代理问题。在两职合一的情况下，经理层会获得更大的权为基础，董事会容易被经理层所控制，进而董事会的监控作用将相对削弱，从而扩大了 CEO 的权力，引致了损害公司利益的动机和行为的发生。理论研究也表明公司经理层往往会通过他们掌握的权力来影响董事会的构成和任期，导致了董事会在行使其法定的治理职能上的无能，进而挫败了董事会的制衡机制。所以我们提出两职合一与公司绩效负相关的研究假设 6.5：

假设 6.5：董事长与总经理两职合一与公司绩效负相关。

假设 6.5a：董事长与总经理两职合一与公司收益能力负相关。

假设 6.5b：董事长与总经理两职合一与公司成长能力负相关。

假设 6.5c：董事长与总经理两职合一与公司抗风险能力负相关。

假设 6.5d：董事长与总经理两职合一与公司市场评价能力负相关。

受托责任理论与代理理论是两种竞争性的理论，他们的观点截然不同。受托责任理论认为，并非所有的人都是“自利人”或“经济人”。经理人员本质上是想去做好本职工作的，所以提出两职合一将有利于经理层做出有效行为，继而有利于公司后期绩效的提高。尽管受托责任理论提出了与代理理论截然相反的观点，但他们并不否认代理理论，而是指出两种理论的适用条件不同。代理理论在经理阶层的地位受到威胁这一情况下更具有理论上的说服力。由于我国钢铁企业的国有独资属性，所以在我国钢铁行业上市公司中经理阶层的地位很少受到威胁，在这一情况下显然受托责任理论更加适用于我国钢铁行业的具体情况。因此，笔者提出假设 6.6：

假设 6.6：董事长与总经理两职分离与公司绩效负相关。

假设 6.6a：董事长与总经理两职分离与公司收益能力负相关。

假设 6.6b：董事长与总经理两职分离与公司成长能力负相关。

假设 6.6c：董事长与总经理两职分离与公司抗风险能力负相关。

假设 6.6d：董事长与总经理两职分离与公司市场评价能力负相关。

6.1.3　董事会行为特征与公司绩效关系的研究假设

董事会会议是董事会治理机制的主要表现形式，是董事会发挥作用的重要工具，董事会会议频率的高低从一定程度上反映了董事会的行为强度。我们统计的董事会会议主要包括正常的董事会会议和以通信方式召开的董事会会议。从理论上讲，董事会会议次数的增加可以为董事们提供更多的充分交流思想和交换意见的场所，这样可以大大提高董事会决策的科学性。Brick 和 Chidambaran（2007）研究发现董事会行为强度在一定程度上取决于公司前期绩效，而董事会会议次数的增加继而会引起公司绩效的小幅上升。同时，董事会行为强度还受到公司规模、经营多样化程度、董事会规模、管理层持股比例的显著影响。提出假设 6.7：

假设 6.7：年度内董事会会议次数与公司绩效正相关。

假设 6.7a：年度内董事会会议次数与公司收益能力正相关。

假设 6.7b：年度内董事会会议次数与公司成长能力正相关。

假设 6.7c：年度内董事会会议次数与公司抗风险能力正相关。

假设 6.7d：年度内董事会会议次数与公司市场评价能力正相关。

以通信方式召开会议往往是在情况比较紧急和重要的情况下而采取的董事集体议事的方式。Fernandez 和 Garcia（2007）研究发现，股权集中度的提高会降低公司董事会行为强度。谷祺和于东智（2001），于东智（2003），李常青和赖建清（2004），胡晓阳、李少斌和冯科（2005），陈军和刘莉（2006）的研究表明公司绩效与非正常会议次数负相关。这些研究进一步证明了以通信方式召开的董事会会议是解决公司问题的一个“灭火装置”，只有公司出了问题才召开董事会通信会议，而不是改进公司绩效的事前措施。在一定程度上，公司绩效的下降驱动了董事会从事更高频率的活动，所以，董事会并没有通过董事会会议在公司治理中发挥有效作用，董事会行为可能存在着很大程度的效率浪费。由于我国钢铁行业上市公司多是由国有企业转制而来，公司经营行为的行政化色彩较为浓厚，“内部人控制”问题较为突出，导致以通信方式召开的董事会的会议往往流于形式，无法发挥其正常作用，在某种情况下高频率的以通信方式召开的董事会会议可能是对公司业绩下滑的一种被动反应，因此以通信方式召开的董事会会议频率与公司绩效存在着一种反向关系。基于以上分析，我们提出如下假设：

假设 6.8：以通信方式召开的董事会会议次数与公司绩效负相关。

假设 6.8a：以通信方式召开的董事会会议次数与公司收益能力负相关。

假设 6.8b：以通信方式召开的董事会会议次数与公司成长能力负相关。

假设 6.8c：以通信方式召开的董事会会议次数与公司抗风险能力负相关。

假设 6.8d：以通信方式召开的董事会会议次数与公司市场评价能力负相关。

6.1.4 董事会激励特征与公司绩效关系的研究假设

董事会的激励方式主要有两种：一种是薪酬激励，它属于短期激励；一种是持股激励，属于长期激励。本章反映钢铁行业上市公司董事会激励特征的变量按照上述两种方式进行归类，其归类结果是金额最高的前三名董事报酬总额、独立董事平均津贴、领取报酬的董事总人数和董事人均报酬四个变量属于薪酬激励范畴；持有本公司股份的董事总人数、董事会持股比例和董事长持股比例属于持股激励范畴。下面我们分别分析两种激励方式对公司绩效的影响。

6.1.4.1 董事薪酬与公司绩效关系的研究假设

代理理论认为“股东会—董事会—经理层”构成了现代公司治理结构的主要框架，在这个三层代理关系中，董事会作为股东会的代理人和经理层的被代理人，肩负着监督经理层的责任，拥有双重身份和核心地位，那么如何使董事会有效发挥其职能和作用就成为解决这一代理问题的关键。代理理论研究进一步检验了薪酬激励减少代理成本的有效性。Holmstrom（1992）将报酬作为主要激励因素构建了方程，揭示了利用薪酬机制协调委托人和代理人利益冲突的方法。Hirshleifer 和 Suh 的研究表明，董事能从激励性的薪酬中获得更高的潜在回报，这也将进一步激励他们勤勉工作，以提高公司绩效。因此提出如下假设：

假设 6.9：金额最高的前三名董事报酬总额与公司绩效正相关。

假设 6.9a：金额最高的前三名董事报酬总额与公司收益能力正相关。

假设 6.9b：金额最高的前三名董事报酬总额与公司成长能力正相关。

假设 6.9c：金额最高的前三名董事报酬总额与公司抗风险能力正相关。

假设6.9d：金额最高的前三名董事报酬总额与公司市场评价能力正相关。

假设6.10：独立董事平均津贴与公司绩效正相关。

假设6.10a：独立董事平均津贴与公司收益能力正相关。

假设6.10b：独立董事平均津贴与公司成长能力正相关。

假设6.10c：独立董事平均津贴与公司抗风险能力正相关。

假设6.10d：独立董事平均津贴与公司市场评价能力正相关。

假设6.11：董事人均报酬水平与公司绩效正相关。

假设6.11a：董事人均报酬水平与公司收益能力正相关。

假设6.11b：董事人均报酬水平与公司成长能力正相关。

假设6.11c：董事人均报酬水平与公司抗风险能力正相关。

假设6.11d：董事人均报酬水平与公司市场评价能力正相关。

6.1.4.2 董事持股与公司绩效关系的研究假设

协调董事会与股东利益的另一个关键机制是董事持股，董事持有公司股份的比例越大，他监督总经理的动机就越强。所以，有效的持股权合约将以尽可能低的成本激励董事为最大化股东价值而行动。尽管理论和经验研究在董事持股的有效性上仍有一些分歧，但在一些特定的情况下，董事持股具有不同的“系统优势”这一点却是大家所认同的。我国目前正处于转轨经济阶段，各种市场机制和治理机制尚不健全，互补作用尚未得到有效的发挥，如声誉机制的无效性、人事任免与更迭的行政化、普遍缺乏与绩效挂钩的激励制度等。试想一下，如果董事的薪酬只是基本工资和年度奖励，那么他们在进行决策时肯定不会关心公司的长远利益，若要改变这种状况，就必须有相应的激励手段，股权激励把董事的可能收益和他们对公司未来业绩的贡献联系起来。因此，为了激励董事关注公司利益，利用股权激励将董事的个人利益与公司利益紧密相连是目前提升公司绩效的行之有效的办法。当董事持股份额增加到一定程度时，他们从事“偷懒”和“自利”行为而导致股东价值减损的行为成本将增大，他们将支付这些成本中的更大份额，因此在这样的制度下他们几乎不可能去浪费公司财富。可见，持股比例越大的董事工作的努力程度也就越大，也更可能做出符合股东利益的投资决策，公司的抗风险能力就越好。基于以上分析，我们做出如下假设：

假设 6.12：钢铁行业上市公司董事会持股比例与公司绩效正相关。

假设 6.12a：钢铁行业上市公司董事会持股比例与公司收益能力正相关。

假设 6.12b：钢铁行业上市公司董事会持股比例与公司成长能力正相关。

假设 6.12c：钢铁行业上市公司董事会持股比例与公司抗风险能力正相关。

假设 6.12d：钢铁行业上市公司董事会持股比例与公司市场评价能力正相关。

假设 6.13：钢铁行业上市公司董事长持股比例与公司绩效正相关。

假设 6.13a：钢铁行业上市公司董事长持股比例与公司收益能力正相关。

假设 6.13b：钢铁行业上市公司董事长持股比例与公司成长能力正相关。

假设 6.13c：钢铁行业上市公司董事长持股比例与公司抗风险能力正相关。

假设 6.13d：钢铁行业上市公司董事长持股比例与公司市场评价能力正相关。

6.1.5 董事会素质特征与公司绩效关系的研究假设

董事会的素质特征包括董事的学历、专业、职称、性别、年龄等。考虑到数据的可获得性，本章选取了董事的年龄和性别比两个变量作为衡量董事会素质特征的指标。董事会的结构、构成、行为等特征是董事会发挥作用的必要条件，但不是充分条件，如果想让董事会实现其理想的功能状态，董事会的素质是一个不可忽略的要素。在我国，董事会建设很大程度上是制度下强制性的产物，并非市场发展的结果。所以，在结构、构成的特征方面很容易达到政策规定的要求。例如，目前所有上市公司的独立董事人数均达到了法律规定的“1/3 以上”的下限。但只要我们稍微考虑一下独立董事市场的完善程度，就能发现形式上的满足是以牺牲董事会素质为代价的。因为就我国目前的人才状况，根本不可能拥有如此之多的独立董事人员。在公司的治理实践中我们也可以找到由于董事会素质低下而导致公司经营困难的实例。2005 年 4 月闽东电力发布退市风险预警公告，刘姝威、程超和陈国辉（2006）分析指出董事会素质低下是其破产的主要原因。在分析闽东电力董事会成员构成的基础上，笔者发现除了3名独立董事外，原董事会12名成员中，7人出身党政工作，5人出身技术工作，前董事会成员上任前均缺乏现代企业管理的工作经历和经验。可见，该公司的董事会成员不具备建立公司内部管理机构和基本管理制度的能力，不具备应有的经营管理能力，这些能力的缺乏直接影响公司决策的正确性和科学性。根据以上分析，不难得出如下假设：

假设6.14：董事会成员平均年龄与公司绩效负相关。

假设6.14a：董事会成员平均年龄与公司收益能力负相关。

假设6.14b：董事会成员平均年龄与公司成长能力负相关。

假设6.14c：董事会成员平均年龄与公司抗风险能力负相关。

假设6.14d：董事会成员平均年龄与公司市场评价能力负相关。

假设6.15：董事会成员性别比与公司绩效正相关。

假设6.15a：董事会成员性别比与公司收益能力正相关。

假设6.15b：董事会成员性别比与公司成长能力正相关。

假设6.15c：董事会成员性别比与公司抗风险能力正相关。

假设6.15d：董事会成员性别比与公司市场评价能力正相关。

6.2　研究设计

6.2.1　数据来源与样本选择

本章选择2004~2008年钢铁行业上市公司作为研究样本，由于上市公司存在新上市和退市的情况，为了保证样本数据的连续性，本章只选择在研究年度内连续存在的上市公司，筛选后每年有30个样本，五年共有150个样本公司。① 文中数据来自于色诺芬公司治理数据库2004~2008年的面板数据，文中缺失数据则使用手工查询上市公司年报、上海证券交易所网站、深圳证券交易所网站、巨潮咨询和新浪财经等途径获得，并对所获得的数据进行了归纳和整理。

① 关于钢铁行业的界定和样本具体的筛选过程在本书的第5章中已经详细交代，此处不再赘述。

6.2.2 变量定义

6.2.2.1 自变量：董事会特征变量

根据第 4 章对钢铁行业上市公司董事会特征行业差异性的判定，并在其基础上对董事会特征指标体系重新加以修正，确定了能够反映钢铁行业上市公司董事会特征的描述变量，本章中对董事会特征变量的界定采用了第 4 章的修正结果，董事会特征主要包括结构特征、构成特征、行为特征、激励特征和素质特征 5 个维度 18 个变量，[①] 具体变量及代码见表 6–1。

表 6–1 钢铁行业上市公司董事会特征变量含义及代码

特征维度	变量代码	变量名称	变量含义及取值
结构特征	x_1	董事会规模	董事会总人数
	x_2	独立董事规模	独立董事总人数
	x_3	独立董事比例	独立董事人数占董事会总人数的比值
行为特征	x_4	年度董事会会议次数	年度内召开的董事会会议次数
	x_5	年度内以通信方式召开的董事会会议次数	在本年度内用通信方式如电视、传真等方式召开的董事会会议次数
激励特征	x_6	金额最高的前三名董事的报酬总额	年薪最高的前三名董事的薪酬总和
	x_7	独立董事年平均津贴	所有独立董事薪酬的简单平均数
	x_8	持有本公司股份的董事总人数	持有上市公司股份的董事人数
	x_9	董事会持股比例	董事会成员所持股份占公司总股份的比例
	x_{10}	领取报酬的董事总人数	在上市公司领取报酬的董事总人数
	x_{11}	董事长持股比例	董事长持有的股份占总股本的比例
	x_{14}	董事人均报酬	年度内董事的人均报酬
素质特征	x_{12}	董事平均年龄	所有董事年龄的简单平均数
	x_{13}	董事性别比例	男性董事占董事会总人数的比例
构成特征	x_{15}	审计委员会	1–设立 0–未设立
	x_{16}	薪酬与考核委员会	1–设立 0–未设立
	x_{17}	董事长与总经理是否两职合一	1–两职合一 0–其他
	x_{18}	董事长与总经理是否两职分离	1–两职分离 0–其他

① 由于实证分析的需要，在本章中笔者将董事长与总经理两职设置状态定义为 2 个虚拟变量，因此董事会特征变量由第 4 章的 17 个增为 18 个，特此说明。

在表 6-1 中，x_{15}、x_{16}、x_{17}、x_{18} 为虚拟变量，其具体赋值为：

$$x_{15}=\begin{cases}1\text{：建立了审计委员会}\\0\text{：未建立审计委员会}\end{cases}$$

$$x_{16}=\begin{cases}1\text{：建立了薪酬与考核委员会}\\0\text{：未建立薪酬与考核委员会}\end{cases}$$

$$x_{17}=\begin{cases}1\text{：两职合一}\\0\text{：其他}\end{cases}$$

$$x_{18}=\begin{cases}1\text{：两职分离}\\0\text{：其他}\end{cases}$$

6.2.2.2　因变量：公司绩效

第 5 章选择了总资产利润率、每股收益（摊薄净利润）、资产收益率、净资产增长率、总资产增长率、营业收入增长率、营业利润增长率、流动比率、速动比率和市盈率 10 个指标，通过因子分析提炼出 4 个公因子，分别将其命名为收益能力因子、成长能力因子、抗风险能力因子和市场评价因子，从四个方面反映钢铁行业上市公司的绩效水平。本章将第 5 章计算出来的各个因子得分作为因变量，系统分析董事会特征与公司绩效的关系。所以本章的因变量主要包括上市公司收益能力因子（Y_1）、成长能力因子（Y_2）、抗风险能力因子（Y_3）和市场评价能力因子（Y_4）4 个，其具体取值详见附录 10。

6.2.2.3　控制变量

通过对现实的观察，笔者发现公司规模、公司所有权形式等因素在不同程度上影响着董事会特征，为了更为真实地反映现实状况，本章选用了实际控制人类别、CR_5 指数、CR_10 指数、Z 指数、Herfindahl_5 指数、Herfindahl_10 指数和总资产 7 个控制变量。具体含义见表 6-2。

表 6-2　控制变量含义及代码

变量代码	变量名称	变量含义
x_{19}	实际控制人类别	上市公司第一大股东的终极控股股东，其取值 1-国有控股 0-非国有控股
x_{20}	CR_5 指数	公司前 5 位大股东持股比例之和，它反映了公司的股权集中程度

续表

变量代码	变量名称	变量含义
x_{21}	CR_10 指数	公司前 10 位大股东持股比例之和，它反映了公司的股权集中程度
x_{22}	Z 指数	公司第一大股东与第二大股东持股比例的比值，它反映了股权制衡度
x_{23}	Herfindahl_5 指数	前 5 位大股东持股比例的平方和
x_{24}	Herfindahl_10 指数	前 10 位大股东持股比例的平方和
x_{25}	总资产	企业拥有或控制的全部资产，反映企业规模的财务指标

6.2.3 研究思路与方法

在第 4 章和第 5 章研究成果的基础上，本章对钢铁行业上市公司董事会特征和公司绩效的关系进行深入的实证分析。首先对方程中涉及的变量进行定义，包括董事会特征变量、控制变量和反映公司绩效的因变量；其次构造董事会特征与公司绩效关系的线性方程和非线性方程，通过比较两种方程的拟合度来找出董事会特征与公司绩效关系的最优反映。本章主要使用了 SPSS11.5 For Windows 和 Eviews6.0 统计分析软件对数据进行处理，对方程进行参数估计和显著性检验。

本章构造的董事会特征与公司绩效之间的多元线性回归方程可以表述为：

$$y = \beta_0 + \beta_1 x_1 + \beta_2 x_x + \cdots + \beta_{25} x_{25} + \varepsilon \quad (6.1)$$

本章构造的董事会特征与公司绩效之间的多元非线性回归方程可以表述为：

$$y = f(x_1, x_2, \cdots, x_{25}, \varepsilon) \quad (6.2)$$

且该方程可以进行变换得到：

$$G(y) = \beta_0 + \beta_1 g_1(x_1, x_2, \cdots, x_{25}) + \cdots + \beta_k g_k(x_1, x_2, \cdots, x_{25}) + \varepsilon \quad (6.3)$$

常用的曲线方程主要包括以下几种：

Quadratic：二次方程 $y = b_0 + b_1 x + b_2 x^2$

Compound：复合曲线方程 $y = b_0{}^* b_1^x$

Growth：生长方程 $y = e^{(b_0 + b_1 x)}$

Logarithmic：对数方程 $y = b_0 + b_1 \ln x$

Cubic：三次方程 $y = b_0 + b_1 x + b_2 x^2 + b_3 x^3$

S：S 形曲线 $y = e^{(b_0 + b_1/x)}$

Exponential：指数方程 $y = b_0 e^{b_1 x}$

Inverse：逆方程 $y = b_0 + b_1/x$

Power：幂方程 $y = b_0 x^{b_1}$

Logistic：Logistic 方程 $y = 1/(1/u + b_0 \times b_1^x)$

其中，Y 为因变量，分别为收益能力因子（Y_1）、成长能力因子（Y_2）、抗风险能力因子（Y_3）和市场评价能力因子（Y_4）；x 为自变量，x_1 到 x_{18} 分别代表董事会特征变量，x_{19} 到 x_{25} 分别代表控制变量。β_0 代表常数项，ε 代表随机误差项。

6.3　实证过程及其结果

根据本章的研究思路，笔者分别以钢铁行业上市公司的收益能力因子（Y_1）、成长能力因子（Y_2）、抗风险能力因子（Y_3）和市场评价能力因子（Y_4）作为因变量，建立了描述董事会特征与公司绩效关系的多元线性回归方程和多元非线性回归方程，具体方程及回归估计结果分述如下。

6.3.1　董事会特征与公司收益能力关系的实证结果

6.3.1.1　多元线性回归方程及其回归估计结果

以钢铁行业上市公司收益能力因子得分 Y_1 为因变量，董事会特征 x 为自变量，构建多元线性回归方程如下：

$$Y_1 = \beta_0 + \beta_1 x_1 + \beta_2 x_2 + \cdots + \beta_{25} x_{25} + \varepsilon \tag{6.4}$$

运用 SPSS11.5 对方程 6.4 进行多元线性回归，采取向后剔除法，对选入变量按照对因变量的影响大小由小到大依次剔除，直到所有变量均符合选入标准为止；然后再检验方程的拟合程度和显著性。具体拟合过程如表 6-3。表 6-3 依次列出了方程变量的剔除过程，给出了方程变异系数的改变情况，从调整的 R^2 可见，从上到下随着新变量的剔除，方程可解释的变异占总变异的比例越来越大。最终选定方程 16，在方程 16 中相关系数

R 为 0.572，而判定系数 R^2 为 0.327，调整的 R^2 为 0.275。

表 6-3　Y_1 与 x 的线性拟合过程小结

Model	R	R Square	Adjusted R Square	Std. Error of the Estimate
1	0.626 (a)	0.392	0.247	0.779
2	0.626 (b)	0.392	0.254	0.775
3	0.626 (c)	0.392	0.262	0.772
4	0.626 (d)	0.391	0.268	0.768
5	0.625 (e)	0.391	0.275	0.765
6	0.625 (f)	0.391	0.282	0.761
7	0.625 (g)	0.390	0.288	0.758
8	0.624 (h)	0.389	0.293	0.755
9	0.623 (i)	0.388	0.298	0.752
10	0.622 (j)	0.387	0.303	0.750
11	0.617 (k)	0.381	0.303	0.750
12	0.612 (l)	0.375	0.302	0.750
13	0.605 (m)	0.367	0.299	0.752
14	0.597 (n)	0.356	0.294	0.754
15	0.585 (o)	0.342	0.285	0.759
16	0.572 (p)	0.327	0.275	0.765

a　Predictors: (Constant), x_{25}, x_{22}, x_3, x_{16}, x_8, x_4, x_1, x_{23}, x_{18}, x_{11}, x_{13}, x_{12}, x_{19}, x_{10}, x_{15}, x_{14}, x_5, x_7, x_6, x_{17}, x_{21}, x_9, x_2, x_{20}

b　Predictors: (Constant), x_{25}, x_{22}, x_3, x_{16}, x_8, x_4, x_1, x_{23}, x_{18}, x_{11}, x_{13}, x_{12}, x_{19}, x_{15}, x_{14}, x_5, x_7, x_6, x_{17}, x_{21}, x_9, x_2, x_{20}

c　Predictors: (Constant), x_{25}, x_{22}, x_3, x_{16}, x_8, x_4, x_1, x_{23}, x_{18}, x_{11}, x_{13}, x_{12}, x_{19}, x_{14}, x_5, x_7, x_6, x_{17}, x_{21}, x_9, x_2, x_{20}

d　Predictors: (Constant), x_{22}, x_3, x_{16}, x_8, x_4, x_1, x_{23}, x_{18}, x_{11}, x_{13}, x_{12}, x_{19}, x_{14}, x_5, x_7, x_6, x_{17}, x_{21}, x_9, x_2, x_{20}

e　Predictors: (Constant), x_{22}, x_3, x_{16}, x_8, x_4, x_1, x_{23}, x_{18}, x_{11}, x_{13}, x_{19}, x_{14}, x_5, x_7, x_6, x_{17}, x_{21}, x_9, x_2, x_{20}

f　Predictors: (Constant), x_{22}, x_3, x_{16}, x_8, x_4, x_1, x_{23}, x_{18}, x_{13}, x_{19}, x_{14}, x_5, x_7, x_6, x_{17}, x_{21}, x_9, x_2, x_{20}

g　Predictors: (Constant), x_{22}, x_3, x_{16}, x_8, x_1, x_{23}, x_{18}, x_{13}, x_{19}, x_{14}, x_5, x_7, x_6, x_{17}, x_{21}, x_9, x_2, x_{20}

h　Predictors: (Constant), x_{22}, x_3, x_{16}, x_1, x_{23}, x_{18}, x_{13}, x_{19}, x_{14}, x_5, x_7, x_6, x_{17}, x_{21}, x_9, x_2, x_{20}

i　Predictors: (Constant), x_{22}, x_3, x_{16}, x_1, x_{23}, x_{18}, x_{13}, x_{19}, x_{14}, x_5, x_7, x_6, x_{21}, x_9, x_2, x_{20}

j　Predictors: (Constant), x_{22}, x_3, x_{16}, x_1, x_{23}, x_{18}, x_{13}, x_{19}, x_{14}, x_5, x_7, x_6, x_{21}, x_9, x_2

k　Predictors: (Constant), x_{22}, x_3, x_{16}, x_1, x_{23}, x_{13}, x_{19}, x_{14}, x_5, x_7, x_6, x_{21}, x_9, x_2

l　Predictors: (Constant), x_3, x_{16}, x_1, x_{23}, x_{13}, x_{19}, x_{14}, x_5, x_7, x_6, x_{21}, x_9, x_2

m　Predictors: (Constant), x_3, x_{16}, x_1, x_{13}, x_{19}, x_{14}, x_5, x_7, x_6, x_{21}, x_9, x_2

n　Predictors: (Constant), x_3, x_{16}, x_1, x_{13}, x_{14}, x_5, x_7, x_6, x_{21}, x_9, x_2

o　Predictors: (Constant), x_3, x_{16}, x_1, x_{13}, x_{14}, x_5, x_7, x_6, x_9, x_2

p　Predictors: (Constant), x_3, x_{16}, x_1, x_{13}, x_{14}, x_5, x_7, x_6, x_2

表 6-4 给出了方程 16 的检验结果，检验方法是方差分析，所用的回归方程 F 值为 6.266，P 值为 0.000，因此我们用的这个回归方程是有统计学意义的。下面继续分析方程 16 中各变量系数的检验结果，具体见表 6-5。本章使用 t 检验来对方程 16 中各个系数进行显著性检验，在 0.05 的显著性水平下，其中常数项、x_1、x_2 没有通过检验，不具有统计学意义；在 0.1 的显著性水平下，常数项和各变量均通过检验，具有统计学意义。因此，钢铁行业上市公司董事会特征与公司收益能力的多元线性回归方程为：

$$\hat{Y}_1 = -2.12 - 0.78x_1 + 0.87x_2 - 0.81x_3 - 0.19x_5 + 0.52x_6 + 0.22x_7 + 2.53x_{13} - 0.34x_{14} - 0.31x_{16} \tag{6.5}$$

表 6-4 Y_1 与 x 线性回归方程的方差分析

Model		Sum of Squares	df	Mean Square	F	Sig.
16	Regression	32.974	9	3.664	6.266	0.000（P）
	Residual	67.823	116	0.585		
	Total	100.796	125			

表 6-5 Y_1 与 x 的线性回归系数估计与显著性检验结果（a）

Model		Unstandardized Coefficients		Standardized Coefficients	t	Sig.
		B	std. Error	Beta		
16	Constant	–2.116	1.169		–1.810	0.073*
	x_1	–0.780	0.401	–0.815	–1.945	0.054*
	x_2	0.868	0.506	0.936	1.716	0.089*
	x_3	–0.811	0.374	–0.865	–2.170	0.032**
	x_5	–0.191	0.074	–0.211	–2.568	0.012**
	x_6	0.517	0.121	0.590	4.264	0.000***
	x_7	0.215	0.071	0.248	3.037	0.003***
	x_{13}	2.529	1.229	0.168	2.058	0.042**
	x_{14}	–0.341	0.120	–0.393	–2.831	0.005***
	x_{16}	–0.314	0.153	–0.169	–2.049	0.043**

注:（1）Dependent Variable：Y_1。（2）*** 表示显著性水平为 0.01；** 表示显著性水平为 0.05；* 表示显著性水平为 0.1。

6.3.1.2 多元非线性回归方程及其回归估计结果

从多元线性回归的结果可以看出，x_1、x_2 没有通过 0.05 显著性水平的检验，董事会规模与独立董事人数与公司收益能力之间不存在显著的线性关系。因此，分别对 Y_1 与 x 进行多元非线性回归，进一步分析钢铁行业上市公司董事会特征与公司收益能力的数量关系。构建的多元非线性回归方程如下：

$$Y_1 = f(x_1,\ x_2,\ \cdots,\ x_{25},\ \varepsilon) \tag{6.6}$$

曲线拟合过程可以用于拟合各种各样的曲线，原则上只要两个变量间存在某种可以被它所描述的数量关系，就可以用该过程来分析。本章所尝试的曲线形式见 6.2.3 "研究思路与方法" 部分。实际应用中一般均采用将曲线相关关系通过变量变换的方式转化为直线回归的形式来分析。所以，该方程可以进行变换得到公式 6.7：

$$G(Y_1) = \beta_0 + \beta_1 g_1(x_1,\ x_2,\ \cdots,\ x_{24}) + \cdots + \beta_k g_k(x_1,\ x_2,\ \cdots,\ x_{25}) + \varepsilon \tag{6.7}$$

使用 Eviews 6.0 统计软件对该过程进行计算，输出表 6-6。根据表 6-6 给出的结果，董事会特征与公司收益能力之间的多元非线性回归方程可以描述成公式 6.8，其调整的 R^2 为 0.329，说明曲线方程的拟合水平比线性方程有所提高。

$$\hat{Y}_1 = 1.82 - 0.67\log(x_1) + 0.32x_2 - 0.39x_3 - 0.14x_5 + 0.53x_6 + 0.23x_7 - 0.92/x_{13}^3 - 0.36x_{14} - 0.36x_{16} \tag{6.8}$$

表 6-6 Y_1 与 x 的非线性回归系数估计及显著性检验结果

Dependent Variable：Y_1				
Method：Least Squares				
	Coefficient	Std. Error	t-Statistic	Prob.
LOG（x_1）	−0.675	0.219	−3.075	0.003**
x_2	0.325	0.174	1.869	0.064*
x_3	−0.394	0.140	−2.810	0.006**
x_5	−0.136	0.074	−1.856	0.066*
x_6	0.526	0.116	4.526	0.000***
x_7	0.231	0.068	3.389	0.001***
$1/x_{13}{}^3$	−0.921	0.262	−3.519	0.001**
x_{14}	−0.356	0.115	−3.098	0.002***
x_{16}	−0.360	0.144	−2.505	0.014*
C	1.818	0.377	4.818	0.000***

续表

Dependent Variable：Y_1				
Method：Least Squares				
	Coefficient	Std. Error	t-Statistic	Prob.
R-squared	0.377	Mean dependent var		0.068
Adjusted R-squared	0.329	S.D. dependent var		0.898
S.E. of regression	0.736	Akaike info criterion		2.300
Sum squared resid	62.774	Schwarz criterion		2.525
Log likelihood	-134.891	Hannan-Quinn criter.		2.391
F-statistic	7.807	Durbin-Watson stat		1.681
Prob（F-statistic）	0.000			

注：*** 表示显著性水平为 0.01；** 表示显著性水平为 0.05；* 表示显著性水平为 0.1。

6.3.2　董事会特征与公司成长能力关系的实证结果①

6.3.2.1　多元线性回归方程及其回归估计结果

以公司成长能力因子得分 Y_2 为因变量，董事会特征 x 为自变量，构建多元线性回归方程如下：

$$Y_2 = \beta_0 + \beta_1 x_1 + \beta_2 x_2 + \cdots + \beta_{25} x_{25} + \varepsilon \tag{6.9}$$

采取向后剔除法，逐步剔除变量，直至所有变量均符合要求为止，具体拟合过程如表 6-7。根据调整的 R^2，笔者选定第 17 个方程。在方程 17 中相关系数 R 为 0.517，而判定系数 R^2 为 0.267，调整的 R^2 为 0.217。表 6-8 给出了方程 17 的方差分析检验结果，所用的回归方程 F 值为 5.337，P 值为 0.000，因此我们用的这个回归方程是有统计学意义的，下面继续分析方程 17 中各变量系数的检验结果，具体见表 6-9。本章使用 t 检验来对方程 17 中各个系数进行显著性检验，在 0.05 的显著性水平下常数项和变量 x_{13}、x_5 没有通过检验，不具有统计学意义；在 0.1 的显著性水平下，除常数项外，各变量均通过检验，具有统计学意义。因此，钢铁行业上市公司董事会特征与公司成长能力的多元线性回归方程为：

$$\hat{Y}_2 = -0.28 + 0.13x_4 - 0.19x_5 - 0.14x_7 + 1.36x_{13} - 0.18x_{15} - 1.02x_{17} - 0.84x_{18} + 0.19x_{25} \tag{6.10}$$

① 关于董事会特征（x）与成长能力（Y_2）、抗风险能力（Y_3）和市场评价能力（Y_4）的多元线性回归方程及多元非线性回归方程的建立方法及筛选过程与 6.3.1 相同，为节约篇幅，在此不再赘述。

表 6-7 Y_2 与 x 的线性拟合过程小结

Model	R	R-square	Adjusted R-square	Std. Error of the Estimate
1	0.581 (a)	0.338	0.180	0.516
2	0.581 (b)	0.338	0.188	0.514
3	0.581 (c)	0.338	0.196	0.511
4	0.581 (d)	0.337	0.203	0.509
5	0.580 (e)	0.336	0.210	0.507
6	0.579 (f)	0.335	0.216	0.505
7	0.578 (g)	0.334	0.221	0.503
8	0.577 (h)	0.333	0.228	0.501
9	0.574 (i)	0.330	0.231	0.500
10	0.572 (j)	0.327	0.235	0.499
11	0.568 (k)	0.323	0.238	0.498
12	0.565 (l)	0.319	0.240	0.497
13	0.562 (m)	0.315	0.243	0.496
14	0.555 (n)	0.308	0.241	0.497
15	0.541 (o)	0.293	0.231	0.500
16	0.528 (p)	0.279	0.223	0.503
17	0.517 (q)	0.267	0.217	0.505

a Predictors: (Constant), x_{25}, x_{22}, x_3, x_{16}, x_8, x_4, x_1, x_{23}, x_{18}, x_{11}, x_{13}, x_{12}, x_{19}, x_{10}, x_{15}, x_{14}, x_5, x_7, x_6, x_{17}, x_{21}, x_9, x_2, x_{20}

b Predictors: (Constant), x_{25}, x_{22}, x_3, x_{16}, x_8, x_4, x_1, x_{23}, x_{18}, x_{11}, x_{13}, x_{12}, x_{10}, x_{15}, x_{14}, x_5, x_7, x_6, x_{17}, x_{21}, x_9, x_2, x_{20}

c Predictors: (Constant), x_{25}, x_{22}, x_3, x_{16}, x_4, x_1, x_{23}, x_{18}, x_{11}, x_{13}, x_{12}, x_{10}, x_{15}, x_{14}, x_5, x_7, x_6, x_{17}, x_{21}, x_9, x_2, x_{20}

d Predictors: (Constant), x_{25}, x_{22}, x_3, x_{16}, x_4, x_1, x_{18}, x_{11}, x_{13}, x_{12}, x_{10}, x_{15}, x_{14}, x_5, x_7, x_6, x_{17}, x_{21}, x_9, x_2, x_{20}

e Predictors: (Constant), x_{25}, x_{22}, x_3, x_4, x_1, x_{18}, x_{11}, x_{13}, x_{12}, x_{10}, x_{15}, x_{14}, x_5, x_7, x_6, x_{17}, x_{21}, x_9, x_2, x_{20}

f Predictors: (Constant), x_{25}, x_3, x_4, x_1, x_{18}, x_{11}, x_{13}, x_{12}, x_{10}, x_{15}, x_{14}, x_5, x_7, x_6, x_{17}, x_{21}, x_9, x_2, x_{20}

g Predictors: (Constant), x_{25}, x_3, x_4, x_1, x_{18}, x_{13}, x_{12}, x_{10}, x_{15}, x_{14}, x_5, x_7, x_6, x_{17}, x_{21}, x_9, x_2, x_{20}

h Predictors: (Constant), x_{25}, x_3, x_4, x_1, x_{18}, x_{13}, x_{12}, x_{10}, x_{15}, x_{14}, x_5, x_7, x_6, x_{17}, x_{21}, x_2, x_{20}

i Predictors: (Constant), x_{25}, x_3, x_4, x_{18}, x_{13}, x_{12}, x_{10}, x_{15}, x_{14}, x_5, x_7, x_6, x_{17}, x_{21}, x_2, x_{20}

j Predictors: (Constant), x_{25}, x_3, x_4, x_{18}, x_{13}, x_{12}, x_{10}, x_{15}, x_{14}, x_5, x_7, x_6, x_{17}, x_{21}, x_{20}

k Predictors: (Constant), x_{25}, x_4, x_{18}, x_{13}, x_{12}, x_{10}, x_{15}, x_{14}, x_5, x_7, x_6, x_{17}, x_{21}, x_{20}

l Predictors: (Constant), x_{25}, x_4, x_{18}, x_{13}, x_{12}, x_{15}, x_{14}, x_5, x_7, x_6, x_{17}, x_{21}, x_{20}

m Predictors: (Constant), x_{25}, x_4, x_{18}, x_{13}, x_{12}, x_{15}, x_{14}, x_5, x_7, x_{17}, x_{21}, x_{20}

n Predictors: (Constant), x_{25}, x_4, x_{18}, x_{13}, x_{15}, x_{14}, x_5, x_7, x_{17}, x_{21}, x_{20}

o Predictors: (Constant), x_{25}, x_4, x_{18}, x_{13}, x_{15}, x_5, x_7, x_{17}, x_{21}, x_{20}

p Predictors: (Constant), x_{25}, x_4, x_{18}, x_{13}, x_{15}, x_5, x_7, x_{17}, x_{21}

q Predictors: (Constant), x_{25}, x_4, x_{18}, x_{13}, x_{15}, x_5, x_7, x_{17}

表 6-8　Y_2 与 x 线性回归方程的方差分析

Model		Sum of Squares	df	Mean Square	F	Sig.
17	Regression	10.873	8	1.359	5.337	0.000（P）
	Residual	29.797	117	0.255		
	Total	40.670	125			

注：Dependent Variable：Y2。

表 6-9　Y_2 与 x 的线性回归系数估计与显著性检验结果（a）

Model		Unstandardized Coefficients		Standardized Coefficients	t	sig.
		B	Std. Error	Beta		
17	(Constant)	-0.276	0.749		-0.368	0.714
	x_4	0.129	0.062	0.211	2.080	0.040**
	x_5	-0.192	0.057	-0.334	-3.343	0.001***
	x_7	-0.138	0.061	-0.250	-2.258	0.026**
	x_{13}	1.363	0.785	0.142	1.738	0.085*
	x_{15}	-0.183	0.097	-0.157	-1.888	0.061*
	x_{17}	-1.022	0.304	-0.670	-3.359	0.001***
	x_{18}	-0.836	0.307	-0.538	-2.719	0.008***
	x_{25}	0.194	0.063	0.336	3.062	0.003***

注：（1）Dependent Variable：Y2。（2）*** 表示显著性水平为 0.01；** 表示显著性水平为 0.05；* 表示显著性水平为 0.1。

6.3.2.2　多元非线性回归方程及其回归估计结果

从表 6-10 可以看出，与多元线性方程相比，非线性方程调整的 R^2 为 0.216，方程的拟合优度基本未变。回归方程的 F 值为 6.146，P 值为0.000，这个回归方程具有统计学上的意义。从每个变量的 t 检验结果可以看出：纳入方程的所有变量均通过了 0.05 显著性水平下的 t 检验，因此，钢铁行业上市公司董事会特征与公司绩效的多元非线性回归方程为：

$$\hat{Y}_2 = 0.92 + 0.13x_4 - 0.19x_5 - 0.14x_7 - 0.16x_{15}/x_{13}^3 - 0.93x_{17} - 0.75x_{18} + 0.19x_{25} \tag{6.11}$$

表 6-10 Y_2 与 x 的非线性方程系数估计及显著性检验结果

Dependent Variable：Y_2				
Method：Least Squares				
	Coefficient	Std. Error	t-Statistic	Prob.
x_4	0.126	0.060	2.104	0.037**
x_5	-0.191	0.055	-3.490	0.001**
x_7	-0.140	0.059	-2.371	0.019**
x_{15}/x13^3	-0.160	0.066	-2.414	0.017**
x_{17}	-0.934	0.293	-3.184	0.002**
x_{18}	-0.745	0.297	-2.510	0.013**
x_{25}	0.191	0.061	3.104	0.002***
C	0.919	0.294	3.121	0.002***
R-squared	0.258	Mean dependent var		-0.107
Adjusted R-squared	0.216	S.D. dependent var		0.558
S.E. of regression	0.494	Akaike info criterion		1.488
Sum squared resid	30.314	Schwarz criterion		1.663
Log likelihood	-90.200	Hannan-Quinn criter.		1.559
F-statistic	6.146	Durbin-Watson stat		1.431
Prob（F-statistic）	0.000			

注：*** 表示显著性水平为 0.01；** 表示显著性水平为 0.05。

6.3.3 董事会特征与公司抗风险能力关系的实证结果

6.3.3.1 多元线性回归方程及其回归估计结果

以钢铁行业上市公司的抗风险能力因子得分 Y_3 为因变量，以董事会特征为自变量，建立多元线性回归方程如下：

$$Y_3 = \beta_0 + \beta_1 x_1 + \beta_2 x_2 + \cdots + \beta_{25} x_{25} + \varepsilon \quad (6.12)$$

本书采取向后剔除法，对选入变量按照对因变量的影响大小由小到大依次剔除，直到所有变量均符合选入标准为止；然后再检验方程的拟合程度和显著性。输出结果如表 6-11、表 6-12 和表 6-13 所示，根据调整的 R^2，笔者选定第 9 个方程。在方程 9 中相关系数 R 为 0.743，而判定系数 R^2 为 0.553，调整的 R^2 为 0.487。方差分析检验结果显示：所用的回归方程 F 值为 8.421，P 值为 0.000，因此我们用的这个回归方程具有统计学意义，下面继续分析方程 9 中各变量系数的检验结果，具体见表 6-13。

本章使用t检验来对方程9中各个系数进行显著性检验，在0.05的显著性水平下变量x_3、x_{14}和x_{21}没有通过检验，不具有统计学意义；在0.1的显著性水平下，常数项和各变量均通过检验，具有统计学意义。因此，钢铁行业上市公司董事会特征与公司抗风险能力的多元线性回归方程为：

$$\hat{Y}_3 = 1.77 + 0.94x_1 - 1.17x_2 + 0.72x_3 + 0.22x_6 + 0.20x_7 + 0.53x_{11} + 0.17x_{12} - 0.19x_{14} + 0.47x_{15} - 0.36x_{16} - 1.42x_{17} - 0.131x_{18} - 0.48x_{19} - 0.16x_{21} + 0.28x_{22} - 028x_{25} \quad (6.13)$$

表6-11 Y_3与x线性方程的拟合过程小结

Model	R	R-square	Adjusted R-square	std. Error of the Estimate
1	0.759 (a)	0.576	0.475	0.688
2	0.758 (b)	0.575	0.479	0.685
3	0.758 (c)	0.575	0.484	0.682
4	0.758 (d)	0.574	0.488	0.679
5	0.757 (e)	0.573	0.492	0.677
6	0.756 (f)	0.571	0.495	0.675
7	0.755 (g)	0.570	0.497	0.673
8	0.749 (h)	0.561	0.492	0.677
9	0.743 (i)	0.553	0.487	0.680

a Predictors: (Constant), x_{25}, x_{22}, x_3, x_{16}, x_8, x_4, x_1, x_{23}, x_{18}, x_{11}, x_{13}, x_{12}, x_{19}, x_{10}, x_{15}, x_{14}, x_5, x_7, x_6, x_{17}, x_{21}, x_9, x_2, x_{20}

b Predictors: (Constant), x_{25}, x_{22}, x_3, x_{16}, x_8, x_4, x_1, x_{23}, x_{18}, x_{11}, x_{13}, x_{12}, x_{19}, x_{10}, x_{15}, x_{14}, x_7, x_6, x_{17}, x_{21}, x_9, x_2, x_{20}

c Predictors: (Constant), x_{25}, x_{22}, x_3, x_{16}, x_4, x_1, x_{23}, x_{18}, x_{11}, x_{13}, x_{12}, x_{19}, x_{10}, x_{15}, x_{14}, x_7, x_6, x_{17}, x_{21}, x_9, x_2, x_{20}

d Predictors: (Constant), x_{25}, x_{22}, x_3, x_{16}, x_4, x_1, x_{23}, x_{18}, x_{11}, x_{13}, x_{12}, x_{19}, x_{15}, x_{14}, x_7, x_6, x_{17}, x_{21}, x_9, x_2, x_{20}

e Predictors: (Constant), x_{25}, x_{22}, x_3, x_{16}, x_4, x_1, x_{23}, x_{18}, x_{11}, x_{13}, x_{12}, x_{19}, x_{15}, x_{14}, x_7, x_6, x_{17}, x_{21}, x_2, x_{20}

f Predictors: (Constant), x_{25}, x_{22}, x_3, x_{16}, x_4, x_1, x_{23}, x_{18}, x_{11}, x_{12}, x_{19}, x_{15}, x_{14}, x_7, x_6, x_{17}, x_{21}, x_2, x_{20}

g Predictors: (Constant), x_{25}, x_{22}, x_3, x_{16}, x_4, x_1, x_{18}, x_{11}, x_{12}, x_{19}, x_{15}, x_{14}, x_7, x_6, x_{17}, x_{21}, x_2, x_{20}

h Predictors: (Constant), x_{25}, x_{22}, x_3, x_{16}, x_4, x_1, x_{18}, x_{11}, x_{12}, x_{19}, x_{15}, x_{14}, x_7, x_6, x_{17}, x_{21}, x_2

i Predictors: (Constant), x_{25}, x_{22}, x_3, x_{16}, x_1, x_{18}, x_{11}, x_{12}, x_{19}, x_{15}, x_{14}, x_7, x_6, x_{17}, x_{21}, x_2

表 6-12 Y_3 与 x 线性回归方程的方差分析

Model		Sum of Squares	df	Mean Square	F	Sig.
9	Regression	62.238	16	3.890	8.421	0.000（P）
	Residual	50.353	109	0.462		
	Total	112.591	125			

注：Dependent Variable：Y_3。

表 6-13 Y_3 与 x 的线性回归系数估计与显著性检验结果（a）

Model		Unstandardized Coefficients		Standardized Coefficients	t	Sig.
		B	Std. Error	Beta		
9	(Constant)	1.766	0.520		3.395	0.001***
	x_1	0.944	0.402	0.933	2.349	0.021**
	x_2	-1.168	0.500	-1.190	-2.333	0.021**
	x_3	0.717	0.368	0.724	1.951	0.054*
	x_6	0.224	0.111	0.242	2.021	0.046**
	x_7	0.202	0.089	0.220	2.278	0.025**
	x_{11}	0.530	0.095	0.389	5.598	0.000***
	x_{12}	0.170	0.072	0.175	2.369	0.020**
	x_{14}	-0.194	0.110	-0.211	-1.756	0.082*
	x_{15}	0.469	0.155	0.243	3.034	0.003***
	x_{16}	-0.362	0.160	-0.185	-2.261	0.026**
	x_{17}	-1.423	0.437	-0.561	-3.256	0.002***
	x_{18}	-1.311	0.427	-0.507	-3.075	0.003***
	x_{19}	-0.478	0.235	-0.148	-2.037	0.044**
	x_{21}	-0.162	0.089	-0.141	-1.826	0.071*
	x_{22}	0.276	0.066	0.309	4.182	0.000***
	x_{25}	-0.278	0.103	-0.290	-2.700	0.008***

注：（1）Dependent Variable：Y_3。（2）** 表示显著性水平为 0.01；** 表示显著性水平为 0.05；* 表示显著性水平为 0.1。

6.3.3.2 多元非线性回归方程及其回归估计结果

从表 6-14 可以看出，与多元线性方程相比，非线性方程调整的 R^2 为 0.507，方程的拟合优度有所提高。回归方程的 F 值为 8.916，P 值为0.000，这个回归方程具有统计学意义，并且在 0.1 的显著性水平下，除了控制变

量 x_{19}、x_{20} 和 x_{21} 没有通过检验外，方程中所有变量均通过检验，具有统计学意义。因此，钢铁行业上市公司董事会特征与公司抗风险能力的多元非线性回归方程为：

$$\hat{Y}_3 = 1.37 + 0.78x_1 - 0.98x_2 + 0.62x_3 + 0.003x_4^4 + 0.19x_7 + 0.01x_{10}^4 + 0.53x_{11} + 0.20x_{12} + 0.47x_{15} - 0.34x_{16} - 1.27x_{17} - 0.17x_{18} - 0.36x_{19} + 2.13x_{20} - 2.59x_{21} + 0.25x_{22} - 0.26x_{25} \quad (6.14)$$

表 6-14　Y_3 与 x 的非线性回归系数估计及显著性检验结果

Dependent Variable：Y_3				
Method：Least Squares				
	Coefficient	Std. Error	t-Statistic	Prob.
x_1	0.780	0.390	2.000	0.048*
x_2	-0.977	0.485	-2.016	0.046**
x_3	0.620	0.354	1.752	0.083
x_4^4	0.003	0.002	2.062	0.041**
x_7	0.189	0.084	2.263	0.026**
x_{10}^4	0.012	0.006	1.870	0.064*
x_{11}	0.532	0.090	5.893	0.000***
x_{12}	0.202	0.068	2.960	0.004**
x_{15}	0.471	0.141	3.350	0.001***
x_{16}	-0.338	0.150	-2.252	0.026**
x_{17}	-1.274	0.416	-3.062	0.003**
x_{18}	-1.166	0.408	-2.855	0.005***
x_{19}	-0.362	0.220	-1.648	0.102
x_{20}	2.133	1.471	1.450	0.150
x_{21}	-2.591	1.672	-1.549	0.124
x_{22}	0.250	0.064	3.877	0.000***
x_{25}	-0.258	0.092	-2.817	0.006**
C	1.366	0.495	2.758	0.007**
R-squared	0.571	Mean dependent var		-0.025
Adjusted R-squared	0.507	S.D. dependent var		0.930
S.E. of regression	0.653	Akaike info criterion		2.111
Sum squared resid	48.597	Schwarz criterion		2.504
Log likelihood	-121.350	Hannan-Quinn criter.		2.271
F-statistic	8.916	Durbin-Watson stat		2.009
Prob（F-statistic）	0.000			

注：*** 表示显著性水平为 0.01；** 表示显著性水平为 0.05；* 表示显著性水平为 0.1。

6.3.4 董事会特征与公司市场评价能力关系的实证结果

6.3.4.1 多元线性回归方程及其回归估计结果

以钢铁行业上市公司的市场评价能力因子得分 Y_4 为因变量，董事会特征 x 为自变量，建立多元线性回归方程：

$$Y_4 = \beta_0 + \beta_1 x_1 + \beta_2 x_2 + \cdots + \beta_{25} x_{25} + \varepsilon \tag{6.15}$$

本书采取向后剔除法，对选入变量按照对因变量的影响大小由小到大依次剔除，直到所有变量均符合选入标准为止；然后再检验方程的拟合程度和显著性。输出结果如表 6-15、表 6-16 和表 6-17 所示。根据调整的 R^2，笔者选定第 16 个方程。在方程 16 中相关系数 R 为 0.546，而判定系数 R^2 为 0.298，调整的 R^2 为 0.243。方差分析的检验结果显示：所用的回归方程 F 值为 5.467，P 值为 0.000，因此我们用的这个回归方程是有统计学意义的，下面继续分析方程 16 中各变量系数的 t 检验结果，在 0.05 的显著性水平下常数项和 x_{13} 没有通过检验，不具有统计学意义；在 0.1 的显著性水平下，常数项和各变量均通过检验，具有统计学意义。因此，钢铁行业上市公司董事会特征与公司市场评价能力的多元线性回归方程为：

$$\hat{Y}_4 = -2.31 + 0.34x_4 - 0.19x_8 - 0.25x_{12} + 2.26x_{13} - 0.39x_{15} + 0.40x_{16} + 0.46x_{18} + 4.24x_{20} - 4.92x_{21} \tag{6.16}$$

表 6-15 Y_4 与 x 线性方程的拟合过程小结

Model	R	R-square	Adjusted R-square	Std. Error of the Estimate
1	0.597（a）	0.356	0.203	0.825
2	0.597（b）	0.356	0.211	0.821
3	0.596（c）	0.356	0.218	0.817
4	0.596（d）	0.355	0.225	0.813
5	0.596（e）	0.355	0.232	0.810
6	0.594（f）	0.353	0.237	0.807
7	0.594（g）	0.352	0.243	0.804
8	0.592（h）	0.350	0.248	0.802
9	0.588（i）	0.345	0.249	0.801
10	0.582（j）	0.339	0.248	0.801
11	0.573（k）	0.329	0.244	0.804

续表

Model	R	R-square	Adjusted R-square	Std. Error of the Estimate
12	0.564 (l)	0.318	0.239	0.806
13	0.561 (m)	0.315	0.243	0.804
14	0.555 (n)	0.309	0.242	0.805
15	0.547 (o)	0.299	0.238	0.807
16	0.546 (p)	0.298	0.243	0.804

a Predictors: (Constant), x_{25}, x_{22}, x_3, x_{16}, x_8, x_4, x_1, x_{23}, x_{18}, x_{11}, x_{13}, x_{12}, x_{19}, x_{10}, x_{15}, x_{14}, x_5, x_7, x_6, x_{17}, x_{21}, x_9, x_2, x_{20}

b Predictors: (Constant), x_{25}, x_{22}, x_3, x_{16}, x_8, x_4, x_{23}, x_{18}, x_{11}, x_{13}, x_{12}, x_{19}, x_{10}, x_{15}, x_{14}, x_5, x_7, x_6, x_{17}, x_{21}, x_9, x_2, x_{20}

c Predictors: (Constant), x_{25}, x_{22}, x_3, x_{16}, x_8, x_4, x_{23}, x_{18}, x_{11}, x_{13}, x_{12}, x_{19}, x_{10}, x_{15}, x_{14}, x_5, x_7, x_6, x_{21}, x_9, x_2, x_{20}

d Predictors: (Constant), x_{25}, x_{22}, x_3, x_{16}, x_8, x_4, x_{18}, x_{11}, x_{13}, x_{12}, x_{19}, x_{10}, x_{15}, x_{14}, x_5, x_7, x_6, x_{21}, x_9, x_2, x_{20}

e Predictors: (Constant), x_{25}, x_{22}, x_3, x_{16}, x_8, x_4, x_{18}, x_{11}, x_{13}, x_{12}, x_{19}, x_{15}, x_{14}, x_5, x_7, x_6, x_{21}, x_9, x_2, x_{20}

f Predictors: (Constant), x_{25}, x_{22}, x_3, x_{16}, x_8, x_4, x_{18}, x_{11}, x_{13}, x_{12}, x_{19}, x_{15}, x_5, x_7, x_6, x_{21}, x_9, x_2, x_{20}

g Predictors: (Constant), x_{25}, x_{22}, x_3, x_{16}, x_8, x_4, x_{18}, x_{11}, x_{13}, x_{12}, x_{19}, x_{15}, x_5, x_7, x_{21}, x_9, x_2, x_{20}

h Predictors: (Constant), x_{25}, x_{22}, x_3, x_{16}, x_8, x_4, x_{18}, x_{11}, x_{13}, x_{12}, x_{19}, x_{15}, x_5, x_{21}, x_9, x_2, x_{20}

i Predictors: (Constant), x_{22}, x_3, x_{16}, x_8, x_4, x_{18}, x_{11}, x_{13}, x_{12}, x_{19}, x_{15}, x_5, x_{21}, x_9, x_2, x_{20}

j Predictors: (Constant), x_{22}, x_3, x_{16}, x_8, x_4, x_{18}, x_{11}, x_{13}, x_{12}, x_{19}, x_{15}, x_{21}, x_9, x_2, x_{20}

k Predictors: (Constant), x_3, x_{16}, x_8, x_4, x_{18}, x_{11}, x_{13}, x_{12}, x_{19}, x_{15}, x_{21}, x_9, x_2, x_{20}

l Predictors: (Constant), x_3, x_{16}, x_8, x_4, x_{18}, x_{11}, x_{13}, x_{12}, x_{19}, x_{15}, x_{21}, x_9, x_{20}

m Predictors: (Constant), x_{16}, x_8, x_4, x_{18}, x_{11}, x_{13}, x_{12}, x_{19}, x_{15}, x_{21}, x_9, x_{20}

n Predictors: (Constant), x_{16}, x_8, x_4, x_{18}, x_{11}, x_{13}, x_{12}, x_{15}, x_{21}, x_9, x_{20}

o Predictors: (Constant), x_{16}, x_8, x_4, x_{18}, x_{11}, x_{13}, x_{12}, x_{15}, x_{21}, x_{20}

p Predictors: (Constant), x_{16}, x_8, x_4, x_{18}, x_{13}, x_{12}, x_{15}, x_{21}, x_{20}

表 6-16 Y_4 与 x 线性回归方程的方差分析

Model		Sum of Squares	df	Mean Square	F	Sig.
16	Regression	31.797	9	3.533	5.467	0.000 (P)
	Residual	74.958	116	0.646		
	Total	106.755	125			

注：Dependent Variable：Y_4。

表 6-17　Y_4 与 x 的线性回归系数估计与显著性检验结果（a）

Model		Unstandardized Coefficients		Standardized Coefficients	t	Sig.
		B	Std. Error	Beta		
16	(Constant)	−2.307	1.254		−1.839	0.068*
	x_4	0.336	0.086	0.338	3.889	0.000***
	x_8	−0.192	0.079	−0.212	−2.438	0.016**
	x_{12}	−0.246	0.087	−0.260	−2.840	0.005***
	x_{13}	2.257	1.315	0.145	1.716	0.089
	x_{15}	−0.394	0.174	−0.209	−2.266	0.025**
	x_{16}	0.403	0.185	0.211	2.172	0.032**
	x_{18}	0.457	0.210	0.181	2.179	0.031**
	x_{20}	4.238	1.764	4.313	2.402	0.018**
	x_{21}	−4.921	2.009	−4.409	−2.449	0.016**

注:（1）Dependent Variable：Y_4。（2）*** 表示显著性水平为 0.01；** 表示显著性水平为 0.05；* 表示显著性水平为 0.1。

6.3.4.2　多元非线性回归方程及其回归估计结果

从表 6-18 可以看出，与多元线性方程相比，非线性方程调整的 R^2 为 0.260，方程的拟合优度提高不明显。在 0.05 的显著性水平下，只有变量 x_{16} 和 x_{16}/x_{13} 没有通过检验。回归方程的 F 值为 3.820，P 值为 0.00，这个回归方程具有统计学意义，并且在 0.1 的显著性水平下，方程中所有变量均通过检验，具有统计学意义。

因此，钢铁行业上市公司董事会特征与公司市场评价能力的多元非线性回归方程为：

$$\hat{Y}_4 = 0.39x_4 - 0.17x_8 - 0.24x_{12} - 2.31x_{16}/x_{13} - 0.43x_{15} + 2.70x_{16} + 0.41x_{18} + 3.78x_{20} - 4.42x_{21} \quad (6.17)$$

表 6-18 Y_4与 x 的非线性回归系数估计及显著性检验结果

Dependent Variable: Y_4

Method: Least Squares

	Coefficient	Std. Error	t-Statistic	Prob.
x_4	0.385	0.086	4.503	0.000***
x_8	-0.170	0.075	-2.249	0.026**
x_{12}	-0.236	0.088	-2.690	0.008***
x_{16}/x_{13}	-2.314	1.271	-1.821	0.071
x_{15}	-0.431	0.163	-2.650	0.009***
x_{16}	2.700	1.390	1.943	0.054*
x_{18}	0.407	0.204	1.990	0.049*
x_{20}	3.781	1.601	2.362	0.020*
x_{21}	-4.417	1.818	-2.430	0.017*
R-squared	0.304	Mean dependent var		0.004
Adjusted R-squared	0.260	S.D. dependent var		0.956
S.E. of regression	0.822	Akaike info criterion		2.512
Sum squared resid	84.548	Schwarz criterion		2.706
Log likelihood	-159.283	Hannan-Quinn criter.		2.591
F-statistic	3.820	Durbin-Watson stat		1.890
Prob (F-statistic)	0.000			

注：*** 表示显著性水平为 0.01；** 表示显著性水平为 0.05；* 表示显著性水平为 0.1。

6.4 实证结果分析

6.4.1 董事会结构特征与公司绩效关系分析

钢铁行业上市公司的实证结果显示，董事会结构特征与公司收益能力和抗风险能力有显著的相关关系，与公司的成长能力和市场评价能力无明显的相关关系，具体分析如下。

6.4.1.1 董事会规模与公司绩效关系分析

实证结果显示，董事会规模与公司收益能力负相关，与抗风险能力正相关，与公司成长能力和市场评价能力无显著相关关系。

首先，实证结果显示了董事会规模与公司收益能力负相关，回归系数-0.78（见表6-19），显著性水平为0.1，说明董事会成员每增加1人，公司收益能力将减少0.78分。仔细分析钢铁行业上市公司在这方面的特殊性，笔者发现钢铁行业上市公司的董事会规模的均值为10.73人，高于有色金属业、汽车业、石化业和物流业，董事会规模偏大。正如第3章代理成本理论所指出的那样，董事会规模的增加会带来代理成本、协调成本和沟通成本的增加，当这一增加值高于公司绩效的增加值时，大规模的董事会规模就会对公司绩效产生负面影响。大规模的董事会决策的速度相对较慢，对市场信息的反应比较滞后，容易错过最佳的投资机会，而对市场信息反应的速度很大程度上决定着公司的收益水平，所以，接受假设6.1a，可以认为钢铁行业上市公司董事会规模与公司的收益能力负相关。

其次，实证结果表明董事会规模与公司抗风险能力的回归系数为0.94，且通过了显著性水平为0.05的t检验，说明董事会规模每增加一人，公司抗风险能力将会增加0.94分，进而拒绝假设6.1c，认为董事会规模与公司抗风险能力正相关。资源依赖理论指出了董事会搭建了公司与外部资源进行交换的有效平台，大规模的董事会会为公司决策带来更多的信息和资源，这对于降低公司经营风险具有一定的益处。同时董事会成员多，必然会为董事会带来较多的知识与经验，使得董事会决策更为科学，这在一定程度上减少了公司风险。对于钢铁行业上市公司这样的资源依赖型、技术密集型和资金密集型企业，其董事会成员多是冶金技术专家，如鞍钢股份董事长张晓刚先生就是毕业于钢铁研究总院的工学博士，他熟练掌握钢铁冶金技术开发及行业最新技术，是冶金材料行业专家，曾任国家863、973项目专家组成员，并曾获国家科学技术进步一等奖。鞍钢股份董事兼党委副书记王春明先生也是毕业于北京科技大学材料物理与化学专业的博士，他们都属于冶金工业领域的专家。另外，鞍钢股份的独立非执行董事王林森先生，现任北京现代循环经济研究院副院长，王先生曾任冶金工业部部长办公室秘书、副主任、主任、冶金部体制改革司副司长、司长、冶金部体改法规司司长、冶金法律事务中心主任、中国冶金企业管理协会副理事长、中国信达资产管理公司专家委员会委员等要职。[①] 他们的

① 鞍钢股份有限公司：《鞍钢股份有限公司2007年年报》，第15~16页。

专业特长及所具有的社会资源能够为公司建立有效的外部网络，这必然会提高公司发展过程中的抗风险的能力，因此董事会规模会与公司抗风险能力呈现出正相关的关系。

6.4.1.2 独立董事会规模与公司绩效关系分析

实证结果显示，独立董事规模与公司收益能力正相关，与抗风险能力负相关，与公司成长能力和市场评价能力无显著相关关系。

首先，在显著性水平为 0.1 时，独立董事规模与公司收益能力的回归系数为 0.87，钢铁行业上市公司每增加一名独立董事，公司的收益能力将提升 0.87 分，说明独立董事规模与公司收益能力正相关。在董事会中引入独立董事，可以优化董事会的知识结构、专业结构，提高董事会决策的科学性，这正是建立独立董事制度的初衷所在。钢铁行业上市公司引入一些经济专家、会计和审计专家作为独立董事，可以提高董事会质量和决策的科学性，对公司收益能力的提高发挥着正向影响。因此接受假设 6.2a，认为独立董事规模与公司收益能力正相关。

其次，在显著性水平为 0.05 时，独立董事规模与公司抗风险能力的回归系数为–1.17，即独立董事每增加一人，公司抗风险能力就会减少 1.17 分，两者关系为显著负相关。究其原因我们发现，在钢铁行业上市公司董事会低效运行的情况下，独立董事的引入虽然在一定程度上改善了董事会的质量，但独立董事由于缺乏有效的激励机制，使得其与公司利益很难实现共命运，独立董事与非独立董事不同，他们的津贴收入是固定的，其履职的勤勉程度不与收入挂钩，在公司发生危机时，他们自然也没有动用其社会资源来化解公司危机的动机和动力，在这一点上他们是真正“独立”的。在董事会规模既定的情况下，独立董事人数越多，与公司命运紧密相连的非独立董事会人数就必然减少，这样公司与外部联系的平台的有效性就会相应降低，公司抗风险的能力也会随之降低。根据以上分析，拒绝假设 6.2c，认为独立董事规模与公司抗风险能力负相关。

6.4.2 董事会构成特征与公司绩效关系分析

本章将董事会构成特征描述为 x_{15}、x_{16}、x_{17} 和 x_{18} 四个虚拟变量，在各方程中的回归系数、t 检验值和伴随概率如表 6–20 所示。结果显示总体上审计委员会和薪酬与考核委员会的设置与公司各绩效指标呈负相关关系，

表 6-19 董事会结构特征与公司绩效关系方程的回归系数及显著性检验

因变量	方程类型	x_1			x_2		
		Beta	t	Sig.	Beta	t	Sig.
Y_1	线性	-0.78	-1.95	0.054*	0.87	1.716	0.089*
	非线性	-0.67[a]	-3.08	0.003***	0.33	1.87	0.064*
Y_2	线性	—	—	—	—	—	—
	非线性	—	—	—	—	—	—
Y_3	线性	0.94	2.35	0.021**	-1.17	-2.333	0.021**
	非线性	0.78	2.00	0.048**	-0.98	-2.02	0.046**
Y^4	线性	—	—	—	—	—	—
	非线性	—	—	—	—	—	—

注：（1）a 表示这里的 x_1 与 Y_1 之间的曲线形式是以 10 为底的对数关系，即 Log 函数。其余没有标注的 Beta 系数均表示因变量和自变量之间是线性关系。（2）*** 表示显著性水平为 0.01；** 表示显著性水平为 0.05；* 表示显著性水平为 0.1。（3）— 表示该变量没有进入回归方程中。

且在显著性水平为 0.05 时通过检验。两职合一和两职分离都与公司绩效负相关，其显著性水平为 0.01。这说明在钢铁行业上市公司中审计和薪酬与考核委员会并没有充分发挥其职能作用。相反，它的建立在一定程度上增加了董事会的运行成本，对公司绩效产生负面影响。

两职合一和两职分离这两种领导权设置状态都没有明显提升公司绩效。具体分析得出结论如下：钢铁行业上市公司董事会审计委员会的设立有利于提高钢铁行业上市公司的抗风险能力；董事长与总经理两职合一和两职分离都不利于公司绩效的提升，提出两职适度分离是钢铁行业上市公司理想的领导权设置模式，另外又提出了两职分离有利于提升公司的市场评价能力。

6.4.2.1 专业委员会与公司绩效关系分析

实证结果显示审计委员会在 0.01 的显著水平下，与公司抗风险能力呈现显著的正相关关系，回归系数为 0.47；与公司的市场评价能力负相关，回归系数为-0.43。2002 年 1 月 7 日，我国颁布了《上市公司治理准则》，[①] 该

① 中国证券监督管理委员会、国家经济贸易委员会：《上市公司治理准则》，http：//www.sse.com.cn/ sseportal/dmxh/gsjg_new_20070207b.pdf。

表 6–20 董事会构成特征与公司绩效关系方程的回归系数及显著性检验

因变量	方程类型	x_{15}			x_{16}			x_{17}			x_{18}		
		Beta	t	Sig.	Beta	t	Sig.	Beta	t	Sig.	Beta	t	Sig.
Y_1	线性	—	—	—	−0.31	−2.05	0.043**	—	—	—	—	—	—
	非线性	—	—	—	−0.36	−2.50	0.014**	—	—	—	—	—	—
Y_2	线性	−0.18	−1.89	0.061*	—	—	—	−1.02	−3.36	0.001***	−0.84	−2.72	0.008***
	非线性	—	—	—	—	—	—	−0.93	−3.18	0.001***	−0.75	−2.51	0.013**
Y_3	线性	0.47	3.03	0.003***	−0.36	−2.26	0.026**	−1.42	−3.26	0.002***	−1.31	−3.08	0.003***
	非线性	0.47	3.35	0.001***	−0.34	−2.25	0.026**	−1.27	−3.06	0.003***	−1.17	−2.85	0.005***
Y_4	线性	−0.39	−2.27	0.025**	0.40	2.17	0.032**	—	—	—	0.46	2.18	0.031**
	非线性	−0.43	−2.65	0.009***	2.7	1.94	0.054*	—	—	—	0.41	1.99	0.049**

注：(1) *** 表示显著性水平为 0.01；** 表示显著性水平为 0.05；* 表示显著性水平为 0.1。(2) — 表示该变量没有进入回归方程中。

准则第五十二条规定，上市公司董事会可以按照股东大会的决议设立审计委员会，这是我国首次将成立审计委员会的建议纳入准则中。该准则也明确规定了我国审计委员会的主要职责包括提议聘请或更换外部审计机构、监督公司的内部审计制度及其实施、负责内部审计与外部审计之间的沟通、审核公司的财务信息及其披露、审查公司的内部控制制度。根据其职责，我们可以看出审计委员会起到了督促上市公司提供有效的财务报告，并控制、识别与管理许多因素对公司财务所带来的风险，所以，其对公司的抗风险能力具有明显的促进作用。因此接受假设 6.3c，认为审计委员会的设置与公司抗风险能力正相关。

与此同时，由于我国资本市场的不成熟和投资者普遍存在“用脚投票”的现象，所以，审计委员会的设置对于公司的市场评价能力不但没有正向影响，反而很多公众投资者认为审计委员会的设置是政策强制要求的结果，是国有企业行政化管理的突出表现，所以，它的设立只会增加董事会的运行成本，而丝毫不会对公司绩效产生任何作用，因此，审计委员会的设置与公司的市场评价能力负相关，拒绝假设 6.3d。同理，实证结果显示在显著性水平为 0.05 时，薪酬与考核委员会与公司收益能力、抗风险能力负相关，与公司市场评价能力正相关。所以，接受假设 6.4a 和 6.4b，接受假设 6.4d。

因此，在钢铁行业上市公司中各专业委员会的设置几乎没有起到对公司绩效的提升作用，专业委员会的设置在很大程度上流于形式。

6.4.2.2 领导权两职设置与公司绩效关系分析

实证结果显示，在显著性水平为 0.01 时，董事长和总经理两职合一和两职分离均表现出与公司成长能力和抗风险能力的显著负相关关系，回归系数分别为-1.02、-1.42、-0.84 和-1.31。因此接受假设 6.5b 和假设 6.5c，认为董事长与总经理两职合一与公司成长能力和公司抗风险能力负相关；接受假设 6.6b 和假设 6.6c，认为董事长与总经理两职分离与公司成长能力和公司抗风险能力负相关。

同时，董事会领导权的两职分离对与公司市场评价能力的正相关关系通过了显著性水平为 0.05 的 t 检验，说明钢铁行业上市公司作为典型的国有独资企业，其领导权的两职分离度受到了资本市场和公众投资者的关注，两职分离度越高，市场对公司业绩的预期就越好，公司股票的市场表现也就越好，所以，董事会领导权的两职分离有利于公司市场评价能力的提升。因此拒绝假设 6.6d，认为董事长与总经理两职分离与公司市场评价能力显著正相关。

6.4.3 董事会行为特征与公司绩效关系分析

董事会会议是公司管理层，尤其是董事会行使监督和管理权的主要平台，定期的常规性的董事会会议能够对公司的重大事项进行讨论，并作出科学决策，所以，年度内常规性的董事会会议次数与公司绩效正相关。而临时性会议是公司应对经营危机和困难的主要议事方式，目前由于公司董事和独立董事日常事务较为繁忙，经常奔赴于各地处理公司事务，很难聚到一起，所以临时性的会议通常选择通信的方式召开，以节省时间和成本。所以，年度内以通信方式召开的董事会会议次数越多，公司经营的不确定性越大，公司绩效越差，即以通信方式召开的董事会会议次数与公司绩效负相关。实证研究的结果恰恰验证了这两个假设。在回归方程里，在 0.05 的显著性水平下，年度内常规性的董事会会议次数与公司的成长能力、抗风险能力和市场评价能力的回归系数均为正值，说明变量之间呈现出正相关关系，尤其是这一指标对公司市场评价能力的正向影响非常明显，回归系数为 0.34 和 0.39，且通过了显著性水平为 0.01 的 t 检验，所以，接受假设 6.7b、假设 6.7c 和假设 6.7d，认为年度内董事会会议次数与公司成长能力、抗风险能力和市场评价能力显著正相关。

同时在回归方程中，在显著性水平在 0.05 时通过检验，以通信方式召开的董事会会议次数与公司收益能力和成长能力均表现出负相关关系，回归系数为-0.19、-0.19。所以接受假设 6.8a 和假设 6.8b，认为以通信方式召开的董事会会议次数与公司收益能力和成长能力负相关。

表 6-21 董事会行为特征与公司绩效关系方程的回归系数及显著性检验

因变量	方程类型	x_4			x_5		
		Beta	t	Sig.	Beta	t	Sig.
Y_1	线性	—	—	—	-0.19	-2.57	0.012**
	非线性	—	—	—	-0.14	-1.86	0.066*
Y_2	线性	0.13	2.08	0.040**	-0.19	-3.34	0.001***
	非线性	0.13	2.10	0.040***	-0.19	-3.49	0.001***
Y_3	线性	—	—	—	—	—	—
	非线性	0.003[a]	2.06	0.041**	—	—	—
Y_4	线性	0.34	3.89	0.000***	—	—	—
	非线性	0.39	4.50	0.000***	—	—	—

注：（1）a 表示这里的 x_4 与 Y_3 之间的曲线形式是幂函数，幂指数是 4。（2）*** 表示显著性水平为 0.01；** 表示显著性水平为 0.05；* 表示显著性水平为 0.1。（3）— 表示该变量没有进入回归方程中。

6.4.4 董事会激励特征与公司绩效关系分析

表 6-22 的实证结果显示董事会激励特征与公司各绩效指标之间基本呈现出正相关关系，不管是薪酬激励还是股权激励方式，这种正相关性都比较明显。

6.4.4.1 董事薪酬与公司绩效关系分析

x_6 表示金额最高的前三名董事的报酬总额，实证结果显示它与公司收益能力以及抗风险能力显著正相关（显著性水平 0.01），其回归系数分别为 0.52 和 0.22，说明在其他变量不变的情况下，金额最高的前三名董事报酬总额每增加 1 万元，公司的收益能力和抗风险能力将分别提高 0.52 分和 0.22 分，即金额最高的前三名董事报酬总额与公司的收益能力和抗风险能力显著正相关。因此接受假设 6.9a 和 6.9c。在回归方程中，金额

表 6-22　董事会激励特征与公司绩效关系方程的回归系数及显著性检验

因变量	方程类型	x_6			x_7			x_{11}			x_{14}		
		Beta	t	Sig.	Beta	t	Sig.	Beta	t	Sig.	Beta	t	Sig.
Y_1	线性	0.52	4.26	0.000***	0.22	3.04	0.003***	—	—	—	-0.34	-2.83	0.005***
	非线性	0.53	4.53	0.000***	0.23	3.39	0.001***	—	—	—	-0.36	-3.10	0.002***
Y_2	线性	—	—	—	-0.14	—	0.026**	—	—	—	—	—	—
	非线性	—	—	—	-0.14	—	0.019**	—	—	—	—	—	—
Y_3	线性	0.22	2.02	0.046***	0.20	2.28	0.025**	0.53	5.60	0.000***	-0.19	-1.76	0.082*
	非线性	—	—	—	0.19	2.26	0.026**	0.53	5.89	0.000***	—	—	—
Y_4	线性	—	—	—	—	—	—	—	—	—	—	—	—
	非线性	—	—	—	—	—	—	—	—	—	—	—	—

注：(1) *** 表示显著性水平为 0.01；** 表示显著性水平为 0.05；* 表示显著性水平为 0.1。(2) — 表示该变量没有进入回归方程中。

最高的前三名董事报酬总额对公司成长能力和市场评价能力均没有显示出任何相关性，所以拒绝假设 6.9b 和假设 6.9d，认为该变量与公司成长能力和市场评价能力没有显著的相关性。

实证结果显示，除了与公司市场评价能力不具有显著相关性外，独立董事平均津贴与公司收益能力、成长能力和抗风险能力均具有显著的相关性（显著性水平 0.01）。其中与公司收益能力和抗风险能力正相关，回归系数分别为 0.22 和 0.2；与公司成长能力负相关，回归系数为 0.14，相关度不高。上市公司引入独立董事除了是迎合政策的硬性要求外，同时也是公司自身提高决策科学性和治理效率的主要方法，这样独立董事的激励问题就成为独立董事能否充分发挥作用的关键因素。在“人是经济人”这一理论假设下，目前上市公司基本是使用年薪加车马费的形式对独立董事进行激励的，独立董事的津贴越高，激励程度就越强，独立董事也就越勤勉地工作，为公司绩效的提升做出更大的贡献，所以我们接受假设 6.10a 和 6.10c，认为独立董事平均津贴与公司收益能力和抗风险能力正相关。

另外，实证数据显示了董事人均薪酬与公司收益能力显著负相关，显著性水平为 0.01，回归系数为 0.34，对于这一有悖于常理的现象，笔者通过与凌钢、鞍钢等企业的调研给出了这样的解释。首先，钢铁行业的上市公司几乎都是国有独资企业，其董事会成员多是国家干部，在经济利益面前他们更看重的是政绩和仕途，所以薪酬水平的增加并不会提高其工作的努力程度，进而提高公司绩效。第二，根据边际效益递减规律，增加董事薪酬并不是唯一的、长期有效的督促董事勤勉诚信工作的方法。当董事薪酬增加到一定程度时，随着薪酬的增加，董事工作的努力程度会随之下降，进而降低公司绩效。所以，拒绝假设 6.11，认为董事人均报酬水平与公司绩效负相关。

6.4.4.2　董事持股与公司绩效关系分析

实证结果显示，董事长持股比例与公司抗风险能力显著正相关，显著性水平为 0.01，回归系数为 0.53，说明董事长持股比例每增加 1‰，公司的抗风险能力就会增加 0.53 分，这说明尽管股权激励这种方式在国有独资企业中尚未普及，激励程度也偏低，但对钢铁行业上市公司董事长实施股权激励依然取得了较为显著的效果，通过给予董事长微量股权，可以将董事长的个人利益与公司利益紧密相连，从而抑制了董事长经营过程中的自利行为，进而降低了公司经营风险。所以，股权激励有利于提高公司绩效，因此接受假设 6.13c，认为钢铁行业上市公司董事长持股比例与公司抗风险能力正相关。

由于董事会持股比例在回归方程中没有表现出对公司绩效的特殊关系，笔者就没有讨论董事会持股与公司绩效的相关关系，因此对假设 6.12 没有进行实证检验。

6.4.5　董事会素质特征与公司绩效关系分析

6.4.5.1　董事平均年龄与公司绩效关系分析

实证结果显示，在显著性水平为 0.05 时，董事会成员的平均年龄与公司的抗风险能力正相关，回归系数为 0.17；与公司市场评价能力负相关，回归系数为–0.25。

钢铁行业的高度流程化、标准化的生产方式决定了钢铁企业竞争制胜的关键在于控制成本，而提高技术效率是控制成本的基本手段。而技术人员的技术水平随着经验和年龄的增加而逐渐成熟和提高，由于钢铁行业上市公司的董事会成员大部分都具有冶金工程相关专业的技术背景，其技术水平随年龄增加而逐渐提高。所以，如果钢铁行业上市公司的董事会成员的平均年龄高，表明该董事会技术水平高，或其对于先进技术的驾驭能力较强，进而使决策更具科学性，降低公司经营风险。所以，董事会成员的平均年龄表现出与公司抗风险能力正相关。需要说明的是，在资本市场日益发达的今天，缺乏理性的公众投资者更加看重公司董事会的外在表现，如董事会成员的年轻化，其认为年轻化的董事会更具有活力和魄力，具有创新精神，会给公司带来美好的前景。所以，他们比较偏爱具有年轻化董事会的上市公司，而对于董事年龄偏大的钢铁行业上市公司并不看好。因此，董事会平均年龄和公司市场评价能力在显著性水平为 0.01 的情况下呈现出负相关关系。所以，拒绝假设 6.14c，认为董事会成员平均年龄与公司抗风险能力正相关；接受假设 6.14d，认为董事会成员平均年龄与公司市场评价能力负相关。

6.4.5.2 董事性别比例与公司绩效关系分析

董事会的性别比例是指男性董事占董事会总人数的比例。实证结果显示，董事会成员的性别比例除了不与公司抗风险能力发生关系外，与公司收益能力、成长能力和市场评价能力均呈现出正相关关系。这一特征也与钢铁行业的特殊性有关。钢铁行业属于典型的重工业，在其从业人员中男性比例比较大，在公司管理层男性比例就更大了。2007 年的统计数据显示在鞍钢股份 20 人的董事、监事和高级管理人员中，只有两位女性，其中一位还是独立董事。① 所以，在钢铁行业这样的重工业企业中，男性以其特有的技术优势、沟通能力等为公司绩效的提高做出了自己特有的贡献。因此，接受假设 6.15a、假设 6.15b 和假设 6.15d，认为董事会成员性别比与公司收益能力、公司成长能力和公司市场评价能力正相关。

表 6-23 董事会素质特征与公司绩效关系方程的回归系数及显著性检验

因变量	方程类型	x_{12}			x_{13}		
		Beta	t	Sig.	Beta	t	Sig.
Y_1	线性	—	—	—	2.53	2.06	0.042**
	非线性	—	—	—	0.92a	–3.52	0.001***
Y_2	线性	—	—	—	1.36	1.74	0.085*
	非线性	—	—	—	0.16b	–2.41	0.017**
Y_3	线性	0.17	2.37	0.020**	—	—	—
	非线性	0.20	2.96	0.004***	—	—	—

① 鞍钢股份有限公司：《鞍钢股份有限公司 2007 年年报》，第 15~16 页。

续表

因变量	方程类型	x_{12}			x_{13}		
		Beta	t	Sig.	Beta	t	Sig.
Y_4	线性	−0.25	−2.84	0.005***	2.26	1.72	0.089*
	非线性	−0.24	−2.69	0.008***	2.31^c	−1.82	0.071*

注：（1）a 表示这里的 X_{13} 与 Y_1 之间的曲线形式是幂函数的倒数，幂指数是 3。b 表示这里的 X_{13} 与 X_{15} 共同对 Y_2 产生作用，在 $X_{15}=1$ 的情况下，X_{13} 与 Y_2 之间的曲线形式是幂函数的倒数，幂指数是 3；在 $X_{15}=0$ 的情况下，X_{13} 与 Y_2 之间不发生任何关系。c 表示这里的 X_{13} 与 X_{16} 共同对 Y_4 产生作用，在 $X_{16}=1$ 的情况下，X_{13} 与 Y_4 之间的曲线形式是幂函数的倒数，幂指数是−1；在 $X_{16}=0$ 的情况下，X_{13} 与 Y_4 之间不发生任何关系。（2）*** 表示显著性水平为 0.01；** 表示显著性水平为 0.05；* 表示显著性水平为 0.1。（3）—表示该变量没有进入回归方程中。

6.5　本章小结

本章首先介绍了变量的定义、样本选择、研究的方法和思路等问题；其次根据第 3 章的理论研究和实际调研及观察，提出了董事会特征与公司绩效关系的 15 个研究假设及相应的分假设；然后在第 4 章确定了钢铁行业上市公司董事会特征的描述变量和在第 5 章计算出样本公司绩效的基础上，以公司收益能力得分（Y_1）、公司成长能力得分（Y_2）、公司抗风险能力得分（Y_3）和公司市场评价能力得分（Y_4）为因变量，以董事会特征为自变量，构建了公司绩效与董事会特征变量的多元线性和多元非线性回归方程，并对实证结果进行了归纳、总结和分析，进而对研究假设进行了实证检验，得出了钢铁行业上市公司董事会规模与公司收益能力负相关、与公司抗风险能力正相关；独立董事规模与公司收益能力正相关，与公司抗风险能力负相关；审计委员会的设立与公司抗风险能力正相关，与公司市场评价能力负相关；薪酬与战略委员会的设置与公司收益能力和成长能力负相关，与市场评价能力正相关；两职合一和两职分离均与公司绩效负相关；两职分离度与公司的市场评价能力正相关；年度内董事会会议次数与公司绩效正相关；以通信方式召开的董事会会议次数与公司绩效负相关；董事激励特征与公司绩效正相关；董事会素质特征与公司绩效正相关等若干结论。

第7章　研究结论与政策建议

7.1　研究结论

本章以钢铁行业上市公司董事会特征与公司绩效关系作为研究对象，采用了对比分析法、实证研究法，在文献梳理和理论研究的基础上，确立了能够代表钢铁行业上市公司董事会特征的指标体系，使用因子分析法综合评价了钢铁行业上市公司的公司绩效，将其公司绩效表达为公司收益能力得分、公司成长能力得分、公司抗风险能力得分和公司市场评价能力得分。最后构建了董事会特征与公司绩效之间的线性和非线性方程，通过实证分析得出了如下结论：

7.1.1　确立钢铁行业上市公司董事会特征的指标体系

由于董事会特征受到了公司行业属性、产权类型、公司规模等多种因素的影响，所以，本章使用多独立样本单向方差秩检验的方法，对钢铁行业、有色金属业、石化业和汽车业及物流业的上市公司董事会特征进行了描述性统计和检验，指出钢铁行业上市公司董事会表现出结构偏大、职能部门设置全面、行为能力较弱、激励深度和广度较低、素质较高、稳定性较高等特征。并对钢铁行业上市公司董事会特征指标体系进行了修正，指标体系由原来的6个维度20个变量修正为5个维度17个变量。

7.1.2　综合评价钢铁行业上市公司的公司绩效

本章在评价和梳理现有公司绩效评价方法的基础上，选择了因子分析方法作为钢铁行业上市公司绩效评价的主要方法。文中选择了总资产利润率、每股收益（摊薄净利润）、资产收益率、净资产增长率、总资产增长率、营业收入增长率、营业利润增长率、流动比率、速动比率和市盈率10个反映公司绩效的相关指标，通过因子分析提炼出4个公因子，分别将其命名为收益能力因子、成长能力因子、抗风险能力因子和市场评价能力因子，对钢铁行业上市公司的公司绩效进行了综合评价。

7.1.3 系统分析钢铁行业上市公司董事会特征与公司绩效的关系

本章以公司绩效为因变量，以董事会特征为自变量，构建了公司绩效与董事会特征变量的多元线性和多元非线性回归方程，并对实证结果进行了归纳总结和分析，得出了钢铁行业上市公司董事会特征与公司绩效关系的一般结论。

7.1.3.1 董事会规模与公司收益能力负相关，与抗风险能力正相关

钢铁行业上市公司的大规模董事会使得其决策的速度相对较慢，对市场信息的反应比较滞后，而对市场信息反应的速度很大程度上决定着公司的收益水平。所以，钢铁行业上市公司董事会规模与公司的收益能力负相关。同时大规模的董事会会为公司决策带来更多的信息和资源，这对于降低公司经营风险具有一定的益处。再加之钢铁行业上市公司董事会成员的官僚性，导致他们在决策时更加关注公司发展的稳健性，与提高收益相比，他们更关注公司所面临的风险的大小，所以，董事会规模与公司抗风险能力正相关。

7.1.3.2 独立董事规模与公司收益能力正相关，与抗风险能力负相关

钢铁行业上市公司在董事会中引入一些经济专家、会计和审计专家作为独立董事，可以提高董事会决策的科学性，对公司收益能力的提高发挥着微弱影响。但独立董事履职的勤勉程度不与收入挂钩，其自身利益自然也不会与公司利益挂钩。所以，在董事会规模既定的情况下，独立董事人数越多，与公司命运紧密相连的非独立董事人数就必然减少，这样公司与外部联系的平台的有效性就会相应降低，公司抗风险的能力也会随之降

低，所以独立董事规模与公司收益能力正相关，与公司抗风险能力负相关。

7.1.3.3 审计委员会的设立与抗风险能力显著正相关

实证结果显示，钢铁行业上市公司的专业委员会并没有充分发挥其职能作用，相反，它的建立在一定程度上增加了董事会的代理成本，对公司绩效产生负面影响。即使如此，审计委员会审计职能对控制公司财务风险的作用还是比较明显的，所以，审计委员会的设立有利于提高钢铁行业上市公司的抗风险能力。

7.1.3.4 领导权的两职分离度与市场评价能力显著正相关

董事长与总经理两职合一和两职分离都与公司绩效呈现出负相关关系，即不利于公司绩效的提升。但由于钢铁行业上市公司作为典型的国有独资企业，其领导权的两职分离度受到了资本市场和公众投资者的关注，两职分离度越高，市场对公司业绩的预期就越好，公司股票的市场表现也就越好。所以，董事会领导权的两职分离与公司市场评价能力显著正相关。

7.1.3.5 董事会会议次数与公司绩效显著正相关

董事会会议作为董事会行使监督和管理权的主要平台，定期的、常规性的董事会会议能够对公司的重大事项进行讨论，并作出科学决策。所以，年度内常规性的董事会会议次数与公司绩效正相关。同时，由于董事会会议往往是要对公司经营计划、投资方案、财务决算、利润分配、公司合并、变更和人事任免等重大事项进行决议，所以，董事会的召开必然会引发券商和公众投资者对公司股价的良好预期，即年度内董事会会议次数与公司市场评价能力正相关。

7.1.3.6 董事会通信会议次数与公司绩效显著负相关

以通信方式召开的临时性董事会会议作为公司应对经营危机和困难的“灭火器”，可以看做是对公司绩效下降的一种被动反应，所以，年度内以通信方式召开的董事会会议次数越多，公司经营的不确定性越大，公司绩效越差，即以通信方式召开的董事会会议次数与公司绩效负相关。

7.1.3.7 董事会激励水平与公司绩效显著正相关

实证结果显示，董事会激励特征与公司各绩效指标之间基本呈现出正相关关系，不管是薪酬激励还是股权激励，这种正相关性都比较明显。其中金额最高的前三名董事的报酬总额与收益能力以及抗风险能力显著正相关。除了与公司市场评价能力不具有显著相关性外，独立董事平均津贴与公司收益能力和抗风险能力显著正相关。董事长持股比例与公司抗风险能力显著正相关，因此，股权激励有利于提高公司绩效。

7.1.3.8 董事会素质水平与公司绩效显著正相关

由于钢铁行业属于技术密集型行业，而技术水平又与经验和年龄正相关，所以，董事会成员的平均年龄表现出与公司抗风险能力正相关。同时，由于在资本市场上公众投资者更加看重公司的成长性，所以他们更加看好由年轻化的董事会所控制的公司，而对于董事年龄偏大的钢铁行业上市公司并不看好，因此，董事会平均年龄和公司市场评价能力呈现出负相关关系。另外，钢铁行业作为典型的重工业，其对于男性的需求远远大于女性，所以，董事会成员的性别比例除了不与公司抗风险能力发生关系外，与公司绩效各指标均呈现出非常明显的正相关关系。

7.2 政策建议

7.2.1 确定与公司规模相适应的董事会规模

理论研究表明，董事会规模与公司规模具有较强的正相关性，而实证结果说明我国钢铁行业上市公司董事会规模与公司收益能力负相关，这表示目前董事会规模正处于一种相对较大的状态，其工作效率不高，因此应当将我国钢铁行业上市公司董事会规模控制在一个与公司规模相适当的水平上，绝不是越大越好。钢铁行业由于其资源性和规模经济性的要求，公司规模普遍较大，所以，在确定钢铁行业上市公司董事会规模的时候应该充分考虑到公司规模这一控制变量的作用。为了最小化公司的代理成本，保证公司经营决策能够得到充分的讨论，董事会保持合理的规模是非常必要的。所以，公司规模以及发展战略等因素是每个钢铁行业上市公司确定其董事会具体规模的依据。

7.2.2 提高独立董事比例并建立有效激励机制

在钢铁行业上市公司中引入独立董事可以改善原有董事会的专业结构、经验结构和信息结构，这样董事会的判断能力和战略决策能力都能得以提高，这必然促进钢铁行业上市公司的竞争力和绩效的极大提高。实证研究显示，在钢铁行业上市公司中独立董事规模与公司收益能力正相关，这恰恰是独立董事作用有效发挥的成果。但独立董事规模与风险能力呈负相关关系，独立董事不会关心公司的长期发展，所以在风险控制方面是消极的，所以需要设计一套行之有效的独立董事的激励机制，如适当给予股权等，可以增加独立董事参政议政的积极性和主动性。另外，目前由于我国缺乏独立董事人才库和市场机制的建设，所以大多数上市公司聘请独立董事主要是政策追随的结果，统计结果显示钢铁行业上市公司独立董事比例为34.76%，这一比例在数量上符合了政策中1/3下限的要求，但独立董事要想充分发挥作用这个比例水平是远远不够的。所以，我们应在董事会规模既定的情况下，积极引入具有任职能力的独立董事，并为其设计出行之有效的激励机制以提升公司绩效。

7.2.3 充分发挥董事会专业委员会的作用

董事会专业机构合理化是增强董事会有效性的关键。董事会建立各专业委员会并充分发挥其作用是在组织构成上确保董事会高效运作的前提。目前钢铁行业上市公司普遍设立了战略委员会、提名委员会、薪酬与考核委员会、审计委员会等各种专业委员会，通过与有色金属业、石化业、汽车业和物流业的比较，由于在战略委员会和提名委员会的设置上，钢铁行业上市公司不具有特殊性，所以，剔除这两个变量，从而只考察薪酬与考核委员会和审计委员会对公司绩效的影响。实证结果表明，专业委员会处于一种无效状态，只有审计委员会在控制公司风险方面发挥着明显作用，所以，我们应该从外部氛围和内部机制两个方面进行建设，以充分发挥董事会各专业委员会的预定作用，而不仅仅是摆设。这就要求我们不仅要科学合理地设置董事会的各专业委员会，同时还要在内部和外部制度上对其进行规范，以使其充分发挥对公司绩效的促进作用。针对钢铁行业的资源要求、资金要求较高的特点，为确保董事会高效运作，提高董事会决策的科学合理性，笔者建议钢铁公司应该建立资源技术委员会或者是投资融资委员会。

7.2.4 建立董事长与总经理两职适度分离的领导权结构

董事长与总经理两职设置状态的选择取决于两职分离或合一所引起的成本的比较，理论上认为董事长与总经理两职分离有利于公司绩效的改善，因为两职分离可以有效地降低"内部人控制"问题给公司带来的负面影响，有利于控制经理人员的败德行为。但本书的研究表明董事长与总经理两职设置状态是否影响公司绩效很大程度上取决于公司的控股权性质，如果公司是国有属性，那么两职分离度越高，公司绩效越差，而钢铁行业又具有典型的国有属性，在该行业中88%的企业均是国有独资性质，所以，在这样一个行业背景下，董事长与总经理两职完全分离并不会带来公司绩效的相应改善，反而会降低公司绩效。另外，两职合一会产生严重的"内部人控制"问题，进而降低公司绩效，这已经是一个公认的事实，所以笔者提倡董事长与总经理两职适度分离。

7.2.5 合理规范董事会行为特征

董事会行为特征的主要表现为，董事会履行其职责的基本手段就是召开董事会会议。董事会要想进行决策，履行其控制和监督职责，就必须通过开会的形式加以实现。因此我们需要从两方面入手规范董事会行为特征，以强化我国钢铁行业上市公司董事会会议决策能力，提高董事会会议的有效性，避免其形式化和空洞化。

7.2.5.1 合理安排董事会会议次数和频率

董事会以会议形式作出决议，必须召开会议才能发挥它的功能，因此要保证召开会议的次数，防止因长期不召开董事会会议而削弱董事会的作用，甚至使董事会虚设。所以董事会每年至少召开两次会议，因实际需要多开会议不受限制。董事会会议主要有两种形式：一种是董事会年度会议，另一种是以通信方式召开的董事会会议。实证结果表明，钢铁行业上市公司的董事会年度会议次数与公司绩效正相关，而以通信方式召开的董事会会议次数与公司绩效呈现出负相关关系，这意味着以通信方式召开的董事会会议是解决公司问题的“灭火器”，并不是事前控制机制，这不符合董事会会议的运行机制。所以，钢铁行业上市公司的经营状态和战略方针是董事会确定其董事会会议的次数、频度和时间长短的主要依据。同时，例会制度有利于董事及时掌握信息，准确决策，所以，董事会应当建立定期的例会制度。除此之外，为了讨论和评估总经理业绩问题，讨论公司经营的大政方针问题，独立董事还要定期单独开会，每年至少一次，以保证其对公司绩效提升作用的实现。不要让董事会会议成为紧急会议或是虚设会议，不管是上述哪种情况都无法实现董事会的既定职能。

7.2.5.2　规范董事会会议运行机制和程序

明确议事程序和规则，完善议事表决机制是有效地发挥董事会会议作用的必要前提。首先，董事会会议由董事长主持，如果董事长不能主持时，由董事长指定的副董事长主持。董事会会议应由1/2以上的董事出席方可举行。因为董事会成员人数是有限的，所以以全体董事人数为基数，只有在半数以上的董事出席时会议才能召开，否则出席会议的董事人数太少，而使会议的代表性、权威性大大降低。其次，要明确会议日程，会议信息要实现书面化、正式化。最后，董事会的议事程序要科学周密，决策制度要完善。董事会作出决议，必须经全体董事的过半数通过，这是对决议程序的严格规定。必须以全体董事人数为基数，而不是以出席会议的董事人数为基数，这样就有必要的代表性，有利于决议的实施。

7.2.6　提高董事激励水平

董事的激励方式主要有津贴和持股两种。按照赫茨伯格的双因素理论，津贴属于保健因素，它是保证董事会成员尽职工作的最低保障，而如果要使董事们能够尽心尽力地为公司发展献计献策，那么就必须使用股权激励方式。所以，公司长期激励机制的重要组成部分就是董事持股，董事持股也是实现有效公司治理机制的重要手段。要想使董事会成员的个人利益与公司的长远利益更好地结合起来，适当的股权激励是必不可少的机制，它可以有效协调董事会与股东之间的利益，减少在职消费水平，防止短期化行为，并能激励董事会更好地履行其各项职能，为公司的发展做战略性考虑，以把握好公司发展的战略方向。钢铁行业上市公司由于国有属性较为普遍，所以股权激励方式仍然处于尝试阶段，激励的广度和深度都明显不足，如董事会的持股比例仅为 0.007‰，董事长持股比例为 0.002‰，这一水平远远低于物流业、石化业、有色金属业和汽车业，很难想象如此低的持股比例能够发挥出好的激励效果。同时，实证研究也再次证明了董事长持股比例与公司抗风险能力呈现出明显的正相关关系，验证了董事长持股对于公司抗风险能力的提升作用，所以，笔者建议钢铁行业上市公司应该适度增加董事会激励的广度和深度，可以通过向董事会成员定向发行股票的方法来增加其持股比例，提高董事长的持股比例，改变持股比例较低的现状，采用有效、灵活的激励机制来提高董事会各项职能的发挥。

7.2.7 全方位提高董事会成员素质水平

董事会素质特征包括专业、职称、经历、年龄、学历等多个指标，由于受到数据可获得性的限制，本书只选取了董事会的年龄和性别比作为反映董事会素质特征的指标。实证研究表明钢铁行业上市公司的董事会成员平均年龄与公司抗风险能力正相关，董事会性别比例则与公司绩效表现出较好的正相关关系，所以，提高董事会素质水平对于公司绩效有明显的促进作用。钢铁行业属于传统的技术密集型和资金密集型的产业，董事的专业背景、学历结构、职称的高低都会对公司经营相当重要，尤其是在资本市场日益发达的今天，资本运作已经成为公司业务的一部分，董事会就需要吸纳经济类、金融类的专业人才，以保证决策的科学性。可见，每个钢铁行业上市公司都需要根据自身情况，制定出本公司董事会成员最佳知识、专业、职称、年龄和性别的组合，每年都对其董事会成员这一组合结构进行考察，看其是否还适合公司发展的需要，是否需要增加或减少特定知识或专长的人才，以保证董事会素质特征对公司绩效的促进作用的实现。

7.2.8 取消董事长的行政级别

实证研究发现，在钢铁行业上市公司中，董事会规模与公司收益能力负相关、专业委员会与公司绩效负相关、以通信方式召开的董事会会议次数与公司收益能力负相关。可以说在钢铁行业上市公司中董事会的运行效率并不高，甚至说是比较低下的，究其原因我们不难发现董事会的官僚性是这一问题的根源所在。尽管我们国家已经进行了多年的国有企业改革，改革也取得了相当丰硕的成果，但在国有独资企业中，“产权明晰、责任明确、政企分开、管理科学”的现代企业制度还没有真正建立起来，这会在如下几个方面干扰企业正常的经济行为：①它模糊了企业的评价标准。衡量企业的标准应该是市场，是企业的效益。对企业的考核和评价，市场和财务指标是最有说服力的。企业的级别，与企业好坏没有必然的联系。②不利于企业的管理，包括外部管理和内部管理。③社会影响不好。国有企业负责人一方面拿了比较高的收入，另一方面却享受着党政干部的政治待遇，有失公允。

事实上，企业就是企业，政府就是政府。既不要把政府搞成企业，也不要把企业搞成政府。没有级别的企业可闻名世界，有级别的企业照样亏损。所以，要进一步解放思想，转变观念，彻底取消企业行政级别，实行企业经营管理者按现代企业制度的要求进行管理。这是时代发展的需要，也是企业发展的需要。

7.3　研究局限

董事会特征将如何影响公司绩效是普通股民、公司和研究者共同关注的问题。目前理论研究者将这个问题分解成很多小问题来进行研究，如董事会规模如何影响公司绩效？董事会组成如何与公司的收益率、托宾-q等财务绩效指标相联系？还有更深层次的研究已经开始探讨是什么因素影响了董事会的组成，这一组成的时空变换和其对公司绩效的影响？如何构架董事会议以确保更有效地监督管理层？截止到目前，相关的理论和实证研究均表明董事会往往力量薄弱或者难以有效监督管理层。我们现在很难在理论上为董事会的最优建设提供完整的思路，所以，理论界对于董事会特征与公司绩效的关系研究还相当薄弱，而笔者的这项研究恰恰是在这样一个背景下完成的，再加上时间、资料、篇幅等限制，本书还存在以下的不足：

（1）本书没有考虑董事会特征对公司绩效的时滞问题。有研究者提出董事会结构和行为与公司绩效二者之间存在时滞，而时滞期究竟为多长，一年、两年还是半年，目前并没有相关的可循的经验数据。因此，在笔者的研究过程中没有考虑时滞效应，随着研究的深入和理论的逐渐成熟，笔者会在以后的研究中对其加以考虑。

（2）本书主要是从董事会特征的角度研究其对公司绩效的影响，而现实的情形却是董事会特征与公司绩效是相互影响的，公司绩效也会在一定程度上反过来影响董事会特征。由于时间所限，本书忽略了公司绩效对董事会特征的反作用，在以后的研究中会加以考虑。

（3）对于董事会特征指标和公司绩效指标的选取受到了数据的可获得性、可测量性等因素的影响，使指标变量的选取具有一定的局限性，在一定程度上影响了研究效果。

7.4 后续研究方向

本书首先使用了非参数检验法界定了钢铁行业上市公司董事会特征的行业特殊性；其次使用因子分析法对钢铁行业上市公司的绩效进行了全面评价，在前两部分研究成果的基础上；最后重点研究了中国钢铁行业上市公司董事会特征与公司绩效的关系，这不仅丰富了关于董事会特征与公司绩效关系研究的理论成果，同时也推动了央企董事会试点工作的进程。但本书的研究只能算作董事会治理问题的阶段性研究成果，未来至少还有以下几个方面需要继续研究：

（1）董事会特征指标体系的完善。在借鉴前人研究成果的基础上，本书提出了董事会特征指标体系，较为全面地反映了董事会特征，但其是否真实全面地反映了董事会特征，答案是否定的。所以我们仍然需要进一步研究和丰富董事会特征指标体系。

（2）公司绩效评价方法的选择。本书采用了因子分析的方法对钢铁行业上市公司绩效进行评价，该方法虽然客观性较强，但其缺陷表现为无法全面反映公司绩效，如不能从管理效率、客户关系等角度对公司绩效进行综合评判。所以，未来需要对公司绩效评价方法进行科学选择，以更为真实地评价公司绩效。

（3）由于本人能力、时间和篇幅所限，本书只系统分析了钢铁行业上市公司董事会特征与公司绩效之间的关系，在结论的基础上得出了一些董事会建设的基本思路，而没有提出钢铁行业上市公司董事会建设的具体方案，未来需要在这一方面继续研究和建设。

7.5 本章小结

本章首先归纳了本书三方面的研究结论，第一，确立了钢铁行业上市公司董事会特征的指标体系；第二，综合评价了钢铁行业上市公司的公司绩效；第三，系统分析了钢铁行业上市公司董事会特征与公司绩效的关系表现。在梳理研究结论的基础上，本书提出了确定与公司规模相适应的董事会规模、提高独立董事比例和激励水平、合理设置并充分发挥各专业委员会的作用、董事长与总经理两职适度分离、合理规范董事会会议次数和频率、提高董事激励水平和素质、取消董事长的行政级别等若干个政策建议，为钢铁行业上市公司董事会建设提供了思路和途径。最后，提出了本书的局限及后续研究问题，指明了进一步研究的方向。

附录1 2004~2008年钢铁行业上市公司董事会的结构特征和构成特征

年度	股票代码	股票简称	结构特征			构成特征				
			董事会规模	独立董事总人数	独立董事比例(%)	审计委员会	薪酬与考核委员会	战略委员会	提名委员会	董事长与总经理两职设置状况
2004	569	长城股份	12	4	33	0	1	0	0	3
2004	629	新钢钒	10	3	30	0	0	0	0	3
2004	708	大冶特钢	10	4	40	0	1	0	0	3
2004	709	唐钢股份	9	3	33	1	1	1	1	2
2004	717	韶钢松山	11	4	36	0	0	0	0	3
2004	761	本钢板材	7	2	29	0	0	0	0	1
2004	825	太钢不锈	9	3	33	0	0	0	0	3
2004	898	鞍钢新轧	13	4	31	1	1	1	1	3
2004	959	首钢股份	11	4	36	0	0	0	0	3
2004	961	大连金牛	11	3	27	0	1	0	0	3
2004	600001	邯郸钢铁	15	5	33	1	1	1	1	3
2004	600005	武钢股份	15	5	33	1	0	0	0	3
2004	600010	钢联股份	17	6	35	1	1	1	0	3
2004	600019	宝钢股份	11	4	36	1	1	1	0	2
2004	600022	济南钢铁	9	3	33	0	0	0	0	2
2004	600102	莱钢股份	9	3	33	0	1	0	0	3
2004	600117	西宁特钢	9	3	33	1	0	0	1	3
2004	600126	杭钢股份	11	4	36	1	1	1	1	3
2004	600231	凌钢股份	9	3	33	1	1	1	1	3

续表

年度	股票代码	股票简称	结构特征			构成特征				
			董事会规模	独立董事总人数	独立董事比例(%)	审计委员会	薪酬与考核委员会	战略委员会	提名委员会	董事长与总经理两职设置状况
2004	600282	南钢股份	9	3	33	1	1	1	1	3
2004	600307	酒钢宏兴	6	2	33	1	1	1	1	3
2004	600357	承德钒钛	11	4	36	0	1	0	1	3
2004	600399	抚顺特钢	9	3	33	0	0	0	0	3
2004	600569	安阳钢铁	9	3	33	0	0	0	0	2
2004	600581	八一钢铁	11	4	36	1	0	0	0	3
2004	600691	*ST 林控	9	3	33	1	1	1	1	3
2004	600714	金瑞矿业	13	4	31	1	1	1	1	3
2004	600804	鹏博士	9	3	33	1	1	0	1	3
2004	600808	马钢股份	11	4	36	0	0	0	0	3
2004	600894	广钢股份	10	4	40	1	1	1	1	3
2005	569	长城股份	12	4	33	0	1	0	0	3
2005	629	G 新钢钒	9	3	33	0	0	0	0	3
2005	708	大冶特钢	11	4	36	0	1	0	0	3
2005	709	G 唐钢	9	3	33	1	1	1	1	2
2005	717	G 韶钢	11	4	36	0	0	0	0	3
2005	761	本钢板材	7	2	29	0	0	0	0	1
2005	825	太钢不锈	9	3	33	0	0	0	0	3
2005	898	G 鞍钢	16	5	31	1	1	1	1	3
2005	959	G 首钢	11	4	36	1	0	1	1	3
2005	961	大连金牛	11	3	27	0	1	0	0	3
2005	600001	邯郸钢铁	15	5	33	1	1	1	1	3
2005	600005	G 武钢	11	4	36	1	0	0	0	3
2005	600010	包钢股份	17	6	35	1	1	1	0	3
2005	600019	G 宝钢	11	4	36	1	1	1	0	2
2005	600022	济南钢铁	9	3	33	0	0	0	0	3
2005	600102	莱钢股份	9	3	33	0	1	0	0	3
2005	600117	西宁特钢	9	3	33	1	0	0	1	3

续表

年度	股票代码	股票简称	结构特征			构成特征				
			董事会规模	独立董事总人数	独立董事比例（%）	审计委员会	薪酬与考核委员会	战略委员会	提名委员会	董事长与总经理两职设置状况
2005	600126	杭钢股份	11	4	36	1	1	1	1	3
2005	600231	凌钢股份	9	3	33	1	1	1	1	3
2005	600282	南钢股份	9	3	33	1	1	1	1	3
2005	600307	酒钢宏兴	6	2	33	1	1	1	1	3
2005	600357	G承钒钛	11	4	36	0	1	0	1	3
2005	600399	抚顺特钢	9	3	33	0	0	0	0	3
2005	600569	安阳钢铁	9	3	33	0	0	0	0	2
2005	600581	八一钢铁	11	4	36	1	0	0	0	3
2005	600691	ST东碳	8	3	38	1	1	1	1	3
2005	600714	金瑞矿业	13	4	31	1	1	1	1	3
2005	600804	鹏博士	9	3	33	1	1	0	1	3
2005	600808	马钢股份	15	8	53	0	0	0	0	3
2005	600894	广钢股份	10	4	40	1	1	1	1	3
2006	569	长城股份	10	4	40	0	1	0	0	3
2006	629	新钢钒	9	3	33	0	0	0	0	3
2006	708	大冶特钢	11	4	36	0	1	0	0	3
2006	709	唐钢股份	9	3	33	1	1	1	1	2
2006	717	韶钢松山	12	3	25	0	0	0	0	3
2006	761	本钢板材	6	2	33	0	0	0	0	1
2006	825	太钢不锈	9	3	33	0	0	0	0	3
2006	898	鞍钢股份	14	0	00	1	1	1	1	2
2006	959	首钢股份	11	4	36	1	0	1	1	3
2006	961	大连金牛	11	3	27	0	1	0	0	3
2006	600001	邯郸钢铁	15	5	33	1	1	1	1	3
2006	600005	武钢股份	11	4	36	1	0	0	0	3
2006	600010	包钢股份	17	6	35	1	1	1	0	3

续表

年度	股票代码	股票简称	结构特征			构成特征				
			董事会规模	独立董事总人数	独立董事比例(%)	审计委员会	薪酬与考核委员会	战略委员会	提名委员会	董事长与总经理两职设置状况
2006	600019	宝钢股份	11	5	45	1	1	1	0	3
2006	600022	济南钢铁	9	3	33	0	0	0	0	3
2006	600102	S 莱钢	9	3	33	0	1	0	0	3
2006	600117	西宁特钢	9	3	33	1	0	0	1	3
2006	600126	杭钢股份	11	4	36	1	1	1	1	3
2006	600231	凌钢股份	9	3	33	1	1	1	1	3
2006	600282	南钢股份	9	3	33	1	1	1	1	3
2006	600307	酒钢宏兴	7	3	43	1	1	1	1	3
2006	600357	承德钒钛	11	4	36	0	1	0	1	2
2006	600399	抚顺特钢	9	3	33	0	0	0	0	3
2006	600569	安阳钢铁	9	3	33	0	0	0	0	2
2006	600581	八一钢铁	11	4	36	1	0	0	0	3
2006	600691	SST 东碳	8	3	38	1	1	1	1	3
2006	600714	金瑞矿业	13	4	31	1	1	1	1	3
2006	600804	鹏博士	9	3	33	1	1	0	1	3
2006	600808	马钢股份	10	4	40	0	0	0	0	3
2006	600894	广钢股份	11	4	36	1	1	1	1	3
2007	569	*ST 长钢	11	4	36	0	1	0	0	3
2007	629	攀钢钢钒	9	4	44	0	0	0	0	3
2007	708	大冶特钢	11	4	36	0	1	0	0	3
2007	709	唐钢股份	9	3	33	1	1	1	1	2
2007	717	韶钢松山	11	4	36	0	0	0	0	3
2007	761	本钢板材	7	3	43	0	0	0	0	2
2007	825	太钢不锈	10	4	40	0	0	0	0	3
2007	898	鞍钢股份	14	0	00	1	1	1	1	3
2007	959	首钢股份	11	4	36	1	0	1	1	2

续表

年度	股票代码	股票简称	结构特征			构成特征				
			董事会规模	独立董事总人数	独立董事比例(%)	审计委员会	薪酬与考核委员会	战略委员会	提名委员会	董事长与总经理两职设置状况
2007	961	大连金牛	11	3	27	0	1	0	0	3
2007	600001	邯郸钢铁	15	5	33	1	1	1	1	3
2007	600005	武钢股份	10	4	40	0	0	0	0	3
2007	600010	包钢股份	17	6	35	0	0	0	0	3
2007	600019	宝钢股份	11	5	45	1	1	1	0	3
2007	600022	济南钢铁	9	3	33	0	0	0	0	3
2007	600102	莱钢股份	9	3	33	0	1	0	0	3
2007	600117	西宁特钢	9	3	33	1	0	0	1	3
2007	600126	杭钢股份	11	4	36	1	1	1	1	3
2007	600231	凌钢股份	8	3	38	1	1	1	1	3
2007	600282	南钢股份	9	3	33	1	1	1	1	3
2007	600307	酒钢宏兴	7	3	43	1	1	1	1	3
2007	600357	承德钒钛	11	5	45	0	1	0	1	2
2007	600399	抚顺特钢	17	6	35	0	0	0	0	3
2007	600569	安阳钢铁	9	3	33	0	0	0	0	2
2007	600581	八一钢铁	11	4	36	1	0	0	0	3
2007	600691	*ST 东碳	8	3	38	1	1	1	1	3
2007	600714	*ST 金瑞	13	4	31	1	1	1	1	1
2007	600804	鹏博士	9	3	33	1	1	0	1	3
2007	600808	马钢股份	10	4	40	0	0	0	0	3
2007	600894	广钢股份	12	4	33	1	1	1	1	3
2008	569	长城股份	11	4	36	1	1	0	0	3
2008	629	攀钢钢钒	9	4	44	1	1	1	1	3
2008	708	大冶特钢	11	4	36	1	1	0	0	3
2008	709	唐钢股份	9	3	33	1	1	0	0	3
2008	717	韶钢松山	11	4	36	1	1	1	1	3

续表

年度	股票代码	股票简称	结构特征			构成特征				
			董事会规模	独立董事总人数	独立董事比例(%)	审计委员会	薪酬与考核委员会	战略委员会	提名委员会	董事长与总经理两职设置状况
2008	761	本钢板材	7	3	43	1	1	1	1	2
2008	825	太钢不锈	11	4	36	1	1	1	1	3
2008	898	鞍钢股份	14	0	00	1	1	0	1	2
2008	959	首钢股份	11	4	36	1	1	0	0	3
2008	961	大连金牛	11	3	27	0	0	0	0	3
2008	600001	邯郸钢铁	16	5	31	1	1	1	1	3
2008	600005	武钢股份	14	6	43	1	1	1	1	3
2008	600010	包钢股份	21	8	38	1	1	1	1	2
2008	600019	宝钢股份	11	5	45	1	1	1	0	3
2008	600022	济南钢铁	9	3	33	1	1	0	0	3
2008	600102	莱钢股份	11	5	45	1	1	1	1	3
2008	600117	西宁特钢	9	3	33	1	1	1	1	3
2008	600126	杭钢股份	13	4	31	1	1	0	0	3
2008	600231	凌钢股份	12	6	50	1	1	0	0	3
2008	600282	南钢股份	14	6	43	1	1	1	1	3
2008	600307	酒钢宏兴	8	4	50	1	1	1	1	3
2008	600357	承德钒钛	13	5	38	1	1	1	1	2
2008	600399	抚顺特钢	17	6	35	1	1	0	0	3
2008	600569	安阳钢铁	9	3	33	1	1	1	0	2
2008	600581	八一钢铁	12	5	42	1	1	1	1	3
2008	600691	ST 东碳	8	3	38	1	1	0	0	1
2008	600714	ST 金瑞	13	4	31	1	1	0	0	1
2008	600804	鹏博士	12	4	33	1	1	1	0	3
2008	600808	马钢股份	10	4	40	1	1	0	1	3
2008	600894	广钢股份	12	4	33	1	1	1	1	3

附录2　2004~2008年钢铁行业上市公司董事会的激励特征

年度	股票代码	股票简称	金额最高的前三名董事的报酬总额（元）	独立董事津贴（元）	董事人均报酬（元）	持有本公司股份的董事总人数	董事会持股比例（‰）	领取报酬的董事总人数	董事长持股比例（‰）
2004	569	长城股份	174500	40000	7619.05	0	0.000	8	0.000
2004	629	新钢钒	100177	50000	36484.79	4	0.036	4	0.008
2004	708	大冶特钢	—	20000	4210.53	0	0.000	7	0.000
2004	709	唐钢股份	313000	50000	8823.53	6	0.048	4	0.009
2004	717	韶钢松山	376200	28000	5894.74	6	0.036	5	0.006
2004	761	本钢板材	176000	20000	3076.92	1	0.009	4	0.000
2004	825	太钢不锈	536700	62500	11718.75	4	0.047	5	0.000
2004	898	鞍钢新轧	730000	40000	17058.82	4	0.008	13	0.002
2004	959	首钢股份	248300	90000	20000.00	0	0.000	5	0.000
2004	961	大连金牛	73600	40000	7500.00	0	0.000	6	0.000
2004	600001	邯郸钢铁	372000	50000	12500.00	1	0.005	10	0.000
2004	600005	武钢股份	335000	26500	4416.67	0	0.000	11	0.000
2004	600010	钢联股份	223250	0	—	0	0.000	3	0.000
2004	600019	宝钢股份	796340	237500	70833.33	0	0.000	8	0.000
2004	600022	济南钢铁	269000	90000	16875.00	0	0.000	6	0.000
2004	600102	莱钢股份	654000	36000	6750.00	4	0.009	9	0.005
2004	600117	西宁特钢	162600	36000	5684.21	1	0.004	7	0.004
2004	600126	杭钢股份	234000	30000	7500.00	8	0.065	6	0.011
2004	600231	凌钢股份	402000	40000	7058.82	6	1.539	9	0.333
2004	600282	南钢股份	854000	50000	8333.33	0	0.000	5	0.000
2004	600307	酒钢宏兴	634000	60000	8571.43	0	0.000	5	0.000

续表

年度	股票代码	股票简称	金额最高的前三名董事的报酬总额（元）	独立董事津贴（元）	董事人均报酬（元）	持有本公司股份的董事总人数	董事会持股比例（‰）	领取报酬的董事总人数	董事长持股比例（‰）
2004	600357	承德钒钛	620000	30000	1578.95	6	0.007	7	0.001
2004	600399	抚顺特钢	87000	20000	3157.89	0	0.000	7	0.000
2004	600569	安阳钢铁	187000	20000	3157.89	6	0.030	7	0.005
2004	600581	八一钢铁	178400	50000	11111.11	0	0.000	7	0.000
2004	600691	*ST 林控	376200	30000	4736.84	1	0.013	7	0.000
2004	600714	金瑞矿业	977000	12000	2400.00	1	0.007	5	0.000
2004	600804	鹏博士	392000	40000	8000.00	0	0.000	8	0.000
2004	600808	马钢股份	1950000	30000	207952.40	4	0.002	9	0.000
2004	600894	广钢股份	224260	36000	8470.59	5	0.111	5	0.028
2005	569	长城股份	207400	40000	28340.91	0	0.000	7	0.000
2005	629	G 新钢钒	238110	50000	71870.39	4	0.033	4	0.009
2005	708	大冶特钢	—	50000	32683.76	0	0.000	0	0.000
2005	709	G 唐钢	343800	50000	94900.00	6	0.064	4	0.012
2005	717	G 韶钢	405200	28000	56431.58	5	0.041	7	0.008
2005	761	本钢板材	202500	20000	31953.85	2	0.018	4	0.000
2005	825	太钢不锈	647256	62500	122624.00	4	0.047	5	0.000
2005	898	G 鞍钢	809037	59806	123417.60	4	0.010	11	0.002
2005	959	G 首钢	274000	90000	86736.84	0	0.000	5	0.000
2005	961	大连金牛	82500	40000	32975.00	0	0.000	4	0.000
2005	600001	邯郸钢铁	450000	50000	64545.45	1	0.005	10	0.000
2005	600005	G 武钢	347700	30000	100472.70	0	0.000	5	0.000
2005	600010	包钢股份	90000	—	11954.55	0	0.000	12	0.000
2005	600019	G 宝钢	867430	62500	9615.38	0	0.000	7	0.000
2005	600022	济南钢铁	317000	50000	56287.50	0	0.000	6	0.000
2005	600102	莱钢股份	780000	36000	177529.40	4	0.009	9	0.005
2005	600117	西宁特钢	145800	12000	32111.11	0	0.000	5	0.000
2005	600126	杭钢股份	266000	40000	53875.00	8	0.065	6	0.011
2005	600231	凌钢股份	486000	60000	85437.50	6	1.935	9	0.543
2005	600282	南钢股份	920000	50000	114705.90	0	0.000	6	0.000

续表

年度	股票代码	股票简称	金额最高的前三名董事的报酬总额（元）	独立董事津贴（元）	董事人均报酬（元）	持有本公司股份的董事总人数	董事会持股比例（‰）	领取报酬的董事总人数	董事长持股比例（‰）
2005	600307	酒钢宏兴	700000	60000	119285.70	0	0.000	5	0.000
2005	600357	G 承钒钛	690000	40000	100526.30	6	0.009	7	0.001
2005	600399	抚顺特钢	99000	20000	17176.47	0	0.000	4	0.000
2005	600569	安阳钢铁	203500	30000	42210.00	6	0.029	7	0.005
2005	600581	八一钢铁	303700	50000	54883.33	0	0.000	10	0.000
2005	600691	ST 东碳	48309	4000	16082.20	0	0.000	6	0.000
2005	600714	金瑞矿业	104000	12000	11500.00	0	0.000	7	0.000
2005	600804	鹏博士	450000	38900	65743.75	0	0.000	6	0.000
2005	600808	马钢股份	2176063	15000	266782.30	4	0.002	9	0.000
2005	600894	广钢股份	281500	36000	78605.00	4	0.087	5	0.000
2006	569	长城股份	85100	40000	31431.82	0	0.000	5	0.000
2006	629	新钢钒	313400	50000	93921.05	4	0.024	4	0.000
2006	708	大冶特钢	—	50000	72222.22	0	0.000	6	0.000
2006	709	唐钢股份	787800	50000	176011.10	3	0.020	8	0.000
2006	717	韶钢松山	591200	28000	65075.00	5	0.041	5	0.000
2006	761	本钢板材	123500	20000	38776.92	1	0.004	3	0.000
2006	825	太钢不锈	629200	62500	144616.70	4	0.030	5	0.000
2006	898	鞍钢股份	1083000	58000	166900.00	3	0.004	12	0.001
2006	959	首钢股份	270000	90000	112421.10	0	0.000	5	0.000
2006	961	大连金牛	198177	40000	39680.35	0	0.000	5	0.000
2006	600001	邯郸钢铁	460000	50000	65909.09	1	0.004	10	0.000
2006	600005	武钢股份	299500	33750	97777.27	1	0.001	5	0.000
2006	600010	包钢股份	562200	0	84512.50	0	0.000	2	0.000
2006	600019	宝钢股份	987000	—	—	0	0.000	11	0.000
2006	600022	济南钢铁	700000	50000	106875.00	0	0.000	6	0.000
2006	600102	S 莱钢	950000	36000	217375.00	3	0.008	9	0.005
2006	600117	西宁特钢	290900	13333	59204.76	2	0.011	9	0.006
2006	600126	杭钢股份	300000	40000	59637.50	8	0.088	6	0.015
2006	600231	凌钢股份	529000	60000	102466.70	6	2.007	9	0.717

续表

年度	股票代码	股票简称	金额最高的前三名董事的报酬总额（元）	独立董事津贴（元）	董事人均报酬（元）	持有本公司股份的董事总人数	董事会持股比例（‰）	领取报酬的董事总人数	董事长持股比例（‰）
2006	600282	南钢股份	920000	50000	114705.90	0	0.000	6	0.000
2006	600307	酒钢宏兴	840000	60000	140000.00	0	0.000	6	0.000
2006	600357	承德钒钛	858000	35000	147761.90	5	0.005	8	0.000
2006	600399	抚顺特钢	342000	20000	54470.59	0	0.000	5	0.000
2006	600569	安阳钢铁	229500	37500	47936.84	6	0.039	7	0.007
2006	600581	八一钢铁	205900	25000	40023.53	0	0.000	8	0.000
2006	600691	SST 东碳	86364	12000	20865.18	0	0.000	6	0.000
2006	600714	金瑞矿业	132500	12000	14150.00	0	0.000	7	0.000
2006	600804	鹏博士	372000	40000	64340.00	0	0.000	7	0.000
2006	600808	马钢股份	2331000	40000	354578.90	3	0.002	9	0.001
2006	600894	广钢股份	877000	36000	102047.60	4	0.118	8	0.000
2007	569	*ST 长钢	369000	40000	50071.90	0	0.000	6	0.000
2007	629	攀钢钢钒	369800	0	99460.70	3	0.019	1	0.000
2007	708	大冶特钢	700000	50000	97222.22	0	0.000	6	0.000
2007	709	唐钢股份	1113900	50000	231972.20	3	0.018	5	0.000
2007	717	韶钢松山	725600	28000	101272.20	2	0.013	8	0.000
2007	761	本钢板材	574800	24000	75782.35	2	0.009	5	0.000
2007	825	太钢不锈	476158	40250	123395.20	4	0.030	6	0.000
2007	898	鞍钢股份	1223000	93000	218400.00	2	0.003	12	0.000
2007	959	首钢股份	469000	90000	137684.20	0	0.000	5	0.000
2007	961	大连金牛	180603	20000	40578.71	0	0.000	4	0.000
2007	600001	邯郸钢铁	460000	50000	53636.36	1	0.004	9	0.000
2007	600005	武钢股份	400600	43750	146291.30	1	0.001	5	0.000
2007	600010	包钢股份	474000	0	75641.67	0	0.000	2	0.000
2007	600019	宝钢股份	1076300	250000	50000.00	0	0.000	5	0.000
2007	600022	济南钢铁	830000	50000	121250.00	0	0.000	6	0.000
2007	600102	莱钢股份	1260000	58000	271411.80	3	0.009	9	0.005
2007	600117	西宁特钢	580600	16000	120063.20	2	0.010	9	0.006
2007	600126	杭钢股份	400000	50000	84112.76	7	0.055	6	0.015

续表

年度	股票代码	股票简称	金额最高的前三名董事的报酬总额（元）	独立董事津贴（元）	董事人均报酬（元）	持有本公司股份的董事总人数	董事会持股比例（‰）	领取报酬的董事总人数	董事长持股比例（‰）
2007	600231	凌钢股份	679000	78000	148857.10	5	0.977	8	0.456
2007	600282	南钢股份	1020000	50000	125882.40	0	0.000	6	0.000
2007	600307	酒钢宏兴	860000	60000	142000	0	0.000	6	0.000
2007	600357	承德钒钛	912200	40000	149568.20	4	0.004	8	0.000
2007	600399	抚顺特钢	—	20000	44851.85	0	0.000	6	0.000
2007	600569	安阳钢铁	526700	36800	88731.58	6	0.039	6	0.007
2007	600581	八一钢铁	967600	60000	147341.20	0	0.000	9	0.000
2007	600691	*ST 东碳	17286	12000	16343.33	0	0.000	4	0.000
2007	600714	*ST 金瑞	250000	12000	24581.05	0	0.000	7	0.000
2007	600804	鹏博士	362000	40000	65666.67	0	0.000	7	0.000
2007	600808	马钢股份	2358000	50000	357972.20	3	0.002	9	0.001
2007	600894	广钢股份	1115900	36000	136504.80	4	0.118	9	0.000
2008	569	长城股份	226400	40000	41023.81	0	0.000	5	0.000
2008	629	攀钢钢钒	330116	90000	105332.60	3	0.015	5	0.000
2008	708	大冶特钢	650000	50000	90555.56	0	0.000	6	0.000
2008	709	唐钢股份	728800	50000	141642.10	3	0.018	8	0.000
2008	717	韶钢松山	449000	28000	79325.00	1	0.007	8	0.000
2008	761	本钢板材	241800	24000	41423.08	1	0.004	5	0.004
2008	825	太钢不锈	590642	80000	93220.44	6	0.064	7	0.011
2008	898	鞍钢股份	1172000	72000	185750.00	4	0.004	11	0.000
2008	959	首钢股份	449000	39375	120416.70	0	0.000	5	0.000
2008	961	大连金牛	200850	40000	54697.47	0	0.000	4	0.000
2008	600001	邯郸钢铁	552000	50000	57061.54	1	0.004	9	0.000
2008	600005	武钢股份	664300	43750	127393.30	1	0.001	8	0.000
2008	600010	包钢股份	227300	25714	57762.96	0	0.000	9	0.000
2008	600019	宝钢股份	1527100	250000	452093.80	0	0.000	8	0.000
2008	600022	济南钢铁	747000	50000	110062.50	0	0.000	6	0.000
2008	600102	莱钢股份	1230000	36200	236722.20	2	0.001	11	0.000
2008	600117	西宁特钢	768000	12000	171388.90	2	0.010	9	0.006

续表

年度	股票代码	股票简称	金额最高的前三名董事的报酬总额（元）	独立董事津贴（元）	董事人均报酬（元）	持有本公司股份的董事总人数	董事会持股比例（‰）	领取报酬的董事总人数	董事长持股比例（‰）
2008	600126	杭钢股份	371000	50000	83463.16	6	0.048	7	0.007
2008	600231	凌钢股份	928600	38950	139990.00	5	0.821	8	0.383
2008	600282	南钢股份	700000	25000	96700.00	0	0.000	8	0.000
2008	600307	酒钢宏兴	225000	45000	61400.00	0	0.000	5	0.000
2008	600357	承德钒钛	618800	60000	80835.71	5	0.005	9	0.001
2008	600399	抚顺特钢	—	20000	47714.29	0	0.000	6	0.000
2008	600569	安阳钢铁	361300	36800	92694.74	6	0.032	5	0.006
2008	600581	八一钢铁	1113500	50675	145068.40	0	0.000	10	0.000
2008	600691	ST 东碳	14250	7333	13509.41	0	0.000	4	0.000
2008	600714	ST 金瑞	227400	12000	25930.00	0	0.000	7	0.000
2008	600804	鹏博士	492000	35566	72120.00	1	0.779	10	0.779
2008	600808	马钢股份	2024000	50000	268450.00	3	0.002	9	0.001
2008	600894	广钢股份	1087200	36000	139209.50	4	0.114	9	0.000

注：—表示缺失值，余同。

附录3 2004~2008年钢铁行业上市公司董事会的行为特征、素质特征和稳定性特征

年度	股票代码	股票简称	行为特征		素质特征		稳定性特征
			年度内董事会的会议次数	年度内以通信方式召开的董事会会议次数	董事平均年龄	董事性别比例	董事长是否变更次数
2004	569	长城股份	12	5	44	0.90	0
2004	629	新钢钒	8	0	53	1.00	0
2004	708	大冶特钢	9	0	49	0.95	1
2004	709	唐钢股份	4	0	54	0.88	0
2004	717	韶钢松山	8	1	49	0.95	0
2004	761	本钢板材	4	0	49	0.85	0
2004	825	太钢不锈	6	0	46	1.00	0
2004	898	鞍钢新轧	10	0	49	1.00	0
2004	959	首钢股份	7	3	51	0.94	0
2004	961	大连金牛	5	1	49	0.94	0
2004	600001	邯郸钢铁	6	1	53	1.00	0
2004	600005	武钢股份	6	0	48	0.93	1
2004	600010	钢联股份	8	0	51	0.96	1
2004	600019	宝钢股份	5	1	48	0.88	0
2004	600022	济南钢铁	4	0	52	0.88	—
2004	600102	莱钢股份	7	0	49	0.88	0
2004	600117	西宁特钢	8	0	42	1.00	0
2004	600126	杭钢股份	8	0	50	0.94	0
2004	600231	凌钢股份	6	1	49	0.88	0
2004	600282	南钢股份	8	1	48	0.94	0

续表

年度	股票代码	股票简称	行为特征		素质特征		稳定性特征
			年度内董事会的会议次数	年度内以通信方式召开的董事会会议次数	董事平均年龄	董事性别比例	董事长是否变更次数
2004	600307	酒钢宏兴	6	0	48	0.86	1
2004	600357	承德钒钛	5	1	50	0.95	0
2004	600399	抚顺特钢	8	2	44	0.95	0
2004	600569	安阳钢铁	5	0	48	1.00	0
2004	600581	八一钢铁	5	0	41	0.83	0
2004	600691	*ST 林控	12	0	47	0.95	1
2004	600714	金瑞矿业	6	1	41	0.90	0
2004	600804	鹏博士	19	6	43	0.87	0
2004	600808	马钢股份	7	0	49	0.90	1
2004	600894	广钢股份	5	1	48	1.00	0
2005	569	长城股份	10	3	47	0.91	1
2005	629	G 新钢钒	6	2	53	1.00	0
2005	708	大冶特钢	8	4	47	1.00	0
2005	709	G 唐钢	6	2	56	0.88	0
2005	717	G 韶钢	9	3	48	1.00	0
2005	761	本钢板材	6	2	50	0.85	0
2005	825	太钢不锈	4	0	46	1.00	0
2005	898	G 鞍钢	10	4	48	0.95	0
2005	959	G 首钢	8	2	52	0.95	0
2005	961	大连金牛	5	2	50	0.94	0
2005	600001	邯郸钢铁	7	2	53	1.00	0
2005	600005	G 武钢	9	3	48	0.95	0
2005	600010	包钢股份	5	2	49	0.95	0
2005	600019	G 宝钢	6	2	49	0.88	0
2005	600022	济南钢铁	5	1	53	0.88	0
2005	600102	莱钢股份	7	2	50	0.88	0
2005	600117	西宁特钢	5	1	42	1.00	1
2005	600126	杭钢股份	5	0	52	0.94	0
2005	600231	凌钢股份	6	2	49	0.94	0

续表

年度	股票代码	股票简称	行为特征		素质特征		稳定性特征
			年度内董事会的会议次数	年度内以通信方式召开的董事会会议次数	董事平均年龄	董事性别比例	董事长是否变更次数
2005	600282	南钢股份	7	2	49	0.94	0
2005	600307	酒钢宏兴	5	0	49	0.86	0
2005	600357	G 承钒钛	6	1	51	0.95	0
2005	600399	抚顺特钢	10	3	42	0.94	0
2005	600569	安阳钢铁	6	2	47	1.00	0
2005	600581	八一钢铁	7	2	42	0.83	0
2005	600691	ST 东碳	9	3	45	0.73	1
2005	600714	金瑞矿业	7	1	41	0.8	1
2005	600804	鹏博士	21	7	43	0.81	0
2005	600808	马钢股份	9	2	48	0.89	0
2005	600894	广钢股份	8	2	48	1.00	1
2006	569	长城股份	7	3	48	0.86	0
2006	629	新钢钒	8	2	53	1.00	1
2006	708	大冶特钢	8	2	50	1.00	1
2006	709	唐钢股份	9	3	52	0.89	1
2006	717	韶钢松山	7	2	53	1.00	1
2006	761	本钢板材	5	0	52	0.85	0
2006	825	太钢不锈	7	1	47	1.00	0
2006	898	鞍钢股份	9	3	50	0.9	0
2006	959	首钢股份	6	2	53	0.95	0
2006	961	大连金牛	5	1	49	0.94	0
2006	600001	邯郸钢铁	6	2	54	1.00	0
2006	600005	武钢股份	4	0	50	0.95	0
2006	600010	包钢股份	6	2	49	0.96	0
2006	600019	宝钢股份	7	1	48	0.86	1
2006	600022	济南钢铁	4	0	55	0.88	0
2006	600102	S 莱钢	7	2	51	0.88	0
2006	600117	西宁特钢	10	3	44	1.00	1
2006	600126	杭钢股份	6	2	53	0.94	0

续表

年度	股票代码	股票简称	行为特征		素质特征		稳定性特征
			年度内董事会的会议次数	年度内以通信方式召开的董事会会议次数	董事平均年龄	董事性别比例	董事长是否变更次数
2006	600231	凌钢股份	4	0	49	1.00	0
2006	600282	南钢股份	7	3	50	0.94	0
2006	600307	酒钢宏兴	4	0	46	0.80	0
2006	600357	承德钒钛	10	3	49	0.95	1
2006	600399	抚顺特钢	6	1	43	0.88	0
2006	600569	安阳钢铁	4	0	49	1.00	0
2006	600581	八一钢铁	8	3	42	0.88	0
2006	600691	SST 东碳	9	3	47	0.76	1
2006	600714	金瑞矿业	4	0	43	0.78	1
2006	600804	鹏博士	14	5	42	0.80	0
2006	600808	马钢股份	7	2	50	0.89	0
2006	600894	广钢股份	7	2	50	1.00	0
2007	569	*ST 长钢	12	7	49	0.86	1
2007	629	攀钢钢钒	13	0	49	1.00	0
2007	708	大冶特钢	6	4	51	1.00	0
2007	709	唐钢股份	8	0	52	0.89	0
2007	717	韶钢松山	11	4	51	1.00	0
2007	761	本钢板材	5	0	51	0.94	1
2007	825	太钢不锈	8	0	48	1.00	0
2007	898	鞍钢股份	15	4	50	0.90	1
2007	959	首钢股份	4	0	54	0.95	0
2007	961	大连金牛	11	7	46	1.00	0
2007	600001	邯郸钢铁	6	0	52	0.91	0
2007	600005	武钢股份	10	3	50	0.96	0
2007	600010	包钢股份	8	0	50	0.96	0
2007	600019	宝钢股份	8	0	50	0.84	0
2007	600022	济南钢铁	5	0	56	0.94	0
2007	600102	莱钢股份	10	3	52	0.94	0
2007	600117	西宁特钢	8	0	43	1.00	0

续表

年度	股票代码	股票简称	行为特征		素质特征		稳定性特征
			年度内董事会的会议次数	年度内以通信方式召开的董事会会议次数	董事平均年龄	董事性别比例	董事长是否变更次数
2007	600126	杭钢股份	7	0	49	0.88	0
2007	600231	凌钢股份	8	0	49	1.00	1
2007	600282	南钢股份	7	0	52	0.94	0
2007	600307	酒钢宏兴	6	0	48	0.93	0
2007	600357	承德钒钛	11	3	51	0.95	0
2007	600399	抚顺特钢	11	3	47	0.93	0
2007	600569	安阳钢铁	11	3	50	1.00	0
2007	600581	八一钢铁	9	0	43	0.88	0
2007	600691	*ST 东碳	10	1	48	0.72	1
2007	600714	*ST 金瑞	6	0	43	0.79	0
2007	600804	鹏博士	14	4	40	0.80	0
2007	600808	马钢股份	6	0	50	0.89	0
2007	600894	广钢股份	6	0	49	1.00	0
2008	569	长城股份	9	8	50	0.86	0
2008	629	攀钢钢钒	17	7	50	1.00	0
2008	708	大冶特钢	8	5	50	1.00	0
2008	709	唐钢股份	12	0	51	0.89	0
2008	717	韶钢松山	8	0	50	1.00	0
2008	761	本钢板材	7	0	52	0.92	0
2008	825	太钢不锈	13	7	49	1.00	1
2008	898	鞍钢股份	11	8	51	0.9	0
2008	959	首钢股份	4	1	53	1.00	0
2008	961	大连金牛	8	5	47	1.00	0
2008	600001	邯郸钢铁	6	0	52	0.92	1
2008	600005	武钢股份	6	0	50	0.97	0
2008	600010	包钢股份	8	2	51	0.96	1
2008	600019	宝钢股份	5	0	50	0.88	0
2008	600022	济南钢铁	7	0	57	0.94	0
2008	600102	莱钢股份	10	3	53	0.94	1

续表

年度	股票代码	股票简称	行为特征		素质特征		稳定性特征
			年度内董事会的会议次数	年度内以通信方式召开的董事会会议次数	董事平均年龄	董事性别比例	董事长是否变更次数
2008	600117	西宁特钢	7	0	43	1.00	0
2008	600126	杭钢股份	8	0	49	0.89	1
2008	600231	凌钢股份	13	0	49	1.00	0
2008	600282	南钢股份	8	0	50	0.96	0
2008	600307	酒钢宏兴	7	0	48	0.90	0
2008	600357	承德钒钛	11	3	50	0.93	1
2008	600399	抚顺特钢	12	4	47	0.93	0
2008	600569	安阳钢铁	7	0	49	1.00	0
2008	600581	八一钢铁	9	0	43	0.89	0
2008	600691	ST 东碳	11	3	47	0.71	1
2008	600714	ST 金瑞	7	0	44	0.75	0
2008	600804	鹏博士	17	5	43	0.80	0
2008	600808	马钢股份	7	0	51	0.90	0
2008	600894	广钢股份	6	2	50	1.00	0

附录4 分行业董事会特征变量秩排序

董事会特征变量	行业类别	N	Mean Rank
年度内董事会的会议次数	钢铁行业	150	707.43
	汽车业	250	762.82
	有色金属业	115	694.93
	石化业	705	733.90
	物流业	275	815.00
	Total	1495	
年度内以通信方式召开的董事会会议次数	钢铁行业	99	495.30
	汽车业	165	522.61
	有色金属业	80	543.87
	石化业	502	506.12
	物流业	188	543.88
	Total	1034	
审计委员会	钢铁行业	150	775.93
	汽车业	250	666.30
	有色金属业	115	808.00
	石化业	705	742.22
	物流业	275	796.77
	Total	1495	
薪酬与考核委员会	钢铁行业	150	792.83
	汽车业	250	707.12
	有色金属业	115	684.50
	石化业	705	741.94
	物流业	275	802.80
	Total	1495	

续表

董事会特征变量	行业类别	N	Mean Rank
战略委员会	钢铁行业	150	785.88
	汽车业	250	730.07
	有色金属业	115	757.50
	石化业	705	746.76
	物流业	275	742.85
	Total	1495	
提名委员会	钢铁行业	150	772.82
	汽车业	250	718.00
	有色金属业	115	770.00
	石化业	705	742.39
	物流业	275	766.93
	Total	1495	
金额最高的前三名董事的报酬总额	钢铁行业	145	597.51
	汽车业	240	607.12
	有色金属业	88	670.01
	石化业	545	570.19
	物流业	210	726.41
	Total	1228	
独立董事津贴	钢铁行业	148	789.35
	汽车业	242	740.67
	有色金属业	111	730.08
	石化业	673	633.94
	物流业	264	874.61
	Total	1438	
董事平均年龄	钢铁行业	150	990.88
	汽车业	249	747.37
	有色金属业	115	816.63
	石化业	705	644.95
	物流业	275	848.87
	Total	1494	

续表

董事会特征变量	行业类别	N	Mean Rank
董事性别比例	钢铁行业	150	928.32
	汽车业	250	786.98
	有色金属业	115	907.48
	石化业	705	705.50
	物流业	275	656.46
	Total	1495	
董事长变更次数	钢铁行业	149	746.39
	汽车业	247	737.29
	有色金属业	113	738.11
	石化业	695	731.47
	物流业	272	753.40
	Total	1476	
董事长与总经理的两职设置状况	钢铁行业	150	800.56
	汽车业	250	768.42
	有色金属业	115	742.60
	石化业	705	710.83
	物流业	275	798.30
	Total	1495	
董事会的规模	钢铁行业	150	913.81
	汽车业	250	737.49
	有色金属业	115	885.73
	石化业	705	692.97
	物流业	275	750.59
	Total	1495	
独立董事总人数	钢铁行业	150	899.26
	汽车业	250	720.62
	有色金属业	115	822.03
	石化业	705	708.24
	物流业	275	758.64
	Total	1495	

续表

董事会特征变量	行业类别	N	Mean Rank
独立董事比例	钢铁行业	150	768.97
	汽车业	250	730.28
	有色金属业	114	727.32
	石化业	705	746.34
	物流业	275	762.77
	Total	1494	
持有本公司股份的董事总人数	钢铁行业	150	816.45
	汽车业	250	641.75
	有色金属业	115	712.06
	石化业	705	783.42
	物流业	275	731.47
	Total	1495	
董事会持股比例	钢铁行业	150	685.28
	汽车业	250	673.46
	有色金属业	115	702.92
	石化业	705	801.33
	物流业	275	732.12
	Total	1495	
领取报酬的董事总人数	钢铁行业	150	752.66
	汽车业	250	626.10
	有色金属业	115	747.89
	石化业	705	787.57
	物流业	275	754.87
	Total	1495	
董事人均报酬	钢铁行业	148	731.11
	汽车业	248	766.31
	有色金属业	113	777.51
	石化业	692	677.80
	物流业	273	849.54
	Total	1474	

续表

董事会特征变量	行业类别	N	Mean Rank
董事长持股比例	钢铁行业	150	734.54
	汽车业	250	696.45
	有色金属业	115	715.46
	石化业	705	772.16
	物流业	275	753.86
	Total	1495	

附录5 2004年钢铁行业上市公司绩效指标

序号	股票代码	股票简称	总资产利润率	每股收益（摊薄净利润）	资产收益率	净资产增长率	总资产增长率	营业收入增长率	营业利润增长率	流动比率	速动比率	市盈率
1	569	长城股份	0.003	0.010	0.003	0.009	0.050	0.597	–0.326	0.987	0.426	271.429
2	629	新钢钒	0.073	0.631	0.078	0.132	0.142	0.448	0.287	1.161	0.679	8.651
3	708	大冶特钢	0.007	0.060	0.007	–0.460	–0.007	0.762	0.159	0.840	0.533	88.500
4	709	唐钢股份	0.069	0.678	0.077	0.084	0.232	0.545	0.625	1.616	1.270	6.059
5	717	韶钢松山	0.086	1.131	0.100	0.161	0.368	0.442	–0.261	0.864	0.329	6.523
6	761	本钢板材	0.093	0.644	0.098	0.115	0.105	0.548	0.228	1.582	0.969	7.263
7	825	太钢不锈	0.099	0.781	0.100	0.182	0.221	0.353	0.493	1.338	0.670	5.826
8	898	鞍钢新轧	0.116	0.600	0.117	0.133	0.022	0.600	0.451	1.832	1.272	9.467
9	959	首钢股份	0.076	0.471	0.081	0.060	0.080	0.349	0.235	2.218	1.892	8.894
10	961	大连金牛	0.006	0.071	0.006	0.020	0.110	0.666	–0.179	0.627	0.389	57.571
11	600001	邯郸钢铁	0.046	0.615	0.050	0.077	0.210	0.528	0.380	1.698	1.111	7.480
12	600005	武钢股份	0.105	0.409	0.168	1.965	2.945	2.548	4.295	1.157	0.643	9.902
13	600010	钢联股份	0.068	0.703	0.078	0.183	0.319	0.516	0.146	1.204	0.956	6.029
14	600019	宝钢股份	0.147	0.751	0.150	0.180	0.055	0.319	0.347	1.315	0.776	8.000

续表

序号	股票代码	股票简称	总资产利润率	每股收益（摊薄净利润）	资产收益率	净资产增长率	总资产增长率	营业收入增长率	营业利润增长率	流动比率	速动比率	市盈率
15	600022	济南钢铁	0.080	0.855	0.153	–0.461	—	1.126	1.354	1.210	0.642	7.128
16	600102	莱钢股份	0.077	0.804	0.082	0.064	0.189	0.630	0.185	1.552	0.728	7.450
17	600117	西宁特钢	0.025	0.178	0.029	0.283	0.353	0.295	0.288	1.077	0.692	23.038
18	600126	杭钢股份	0.126	1.037	0.132	0.163	0.179	0.332	0.329	1.612	0.760	6.577
19	600231	凌钢股份	0.141	0.874	0.145	0.204	0.067	0.610	–0.013	2.256	1.200	7.113
20	600282	南钢股份	0.069	1.038	0.084	0.171	0.553	0.498	–0.064	1.199	0.666	7.192
21	600307	酒钢宏兴	0.121	1.051	0.150	0.215	0.678	0.521	0.431	1.240	0.924	6.105
22	600357	承德钒钛	0.050	0.365	0.053	0.159	0.466	0.511	0.257	0.566	0.194	10.611
23	600399	抚顺特钢	0.002	0.022	0.002	0.008	0.108	0.553	3.219	0.925	0.663	306.500
24	600569	安阳钢铁	0.082	0.363	0.089	0.072	0.196	0.390	–0.162	1.544	0.774	9.917
25	600581	八一钢铁	0.095	0.741	0.111	0.171	0.380	0.375	0.281	0.864	0.599	7.514
26	600691	*ST 林控	0.009	0.036	0.009	0.911	0.021	–0.134	–0.834	0.957	0.831	64.011
27	600714	金瑞矿业	0.014	0.046	0.014	0.027	0.085	–0.531	5.380	0.624	0.346	117.316
28	600804	鹏博士	0.004	0.020	0.005	–0.001	0.227	0.374	–1.029	1.406	1.157	253.000
29	600808	马钢股份	0.114	0.554	0.124	0.166	0.194	0.701	0.337	1.058	0.567	7.148
30	600894	广钢股份	0.054	0.231	0.062	0.037	0.402	0.520	–0.134	1.097	0.627	15.455

附录 6　2005 年钢铁行业上市公司绩效指标

序号	股票代码	股票简称	总资产利润率	每股收益（摊薄净利润）	资产收益率	净资产增长率	总资产增长率	营业收入增长率	营业利润增长率	流动比率	速动比率	市盈率
1	569	长城股份	−0.040	−0.131	−0.038	−0.016	−0.079	0.044	-9.905	0.917	0.326	−13.685
2	629	G 新钢钒	0.061	0.478	0.065	0.074	0.203	0.132	−0.042	0.951	0.415	7.125
3	708	大冶特钢	0.025	0.179	0.022	0.104	−0.219	0.167	0.498	0.790	0.396	20.782
4	709	G 唐钢	0.045	0.501	0.052	0.017	0.284	0.111	−0.191	1.075	0.814	4.820
5	717	G 韶钢	0.011	0.102	0.012	−0.008	0.116	0.028	−0.879	0.568	0.158	23.524
6	761	本钢板材	0.082	0.557	0.081	0.083	−0.024	0.163	−0.036	2.131	1.653	7.799
7	825	太钢不锈	0.070	0.601	0.068	0.106	0.070	0.060	−0.200	1.391	0.709	6.256
8	898	G 鞍钢	0.146	0.702	0.140	0.118	−0.069	0.140	0.133	1.927	0.820	5.613
9	959	G 首钢	0.050	0.343	0.054	−0.029	0.083	0.007	−0.257	1.913	1.621	7.235
10	961	大连金牛	0.004	0.046	0.004	0.014	0.028	0.016	−0.148	0.659	0.401	53.200
11	600001	邯郸钢铁	0.048	0.400	0.047	0.096	−0.066	0.022	−0.122	2.138	1.243	7.750
12	600005	G 武钢	0.131	0.616	0.144	0.165	0.209	0.687	0.499	1.246	0.639	4.399
13	600010	包钢股份	0.082	0.352	0.080	0.299	−0.050	0.168	0.163	1.267	0.664	6.314
14	600019	G 宝钢	0.088	0.723	0.123	0.779	1.210	1.159	0.352	1.104	0.517	5.722

续表

序号	股票代码	股票简称	总资产利润率	每股收益（摊薄净利润）	资产收益率	净资产增长率	总资产增长率	营业收入增长率	营业利润增长率	流动比率	速动比率	市盈率
15	600022	济南钢铁	0.057	0.882	0.066	0.161	0.382	0.254	–0.084	0.865	0.354	5.261
16	600102	莱钢股份	0.032	0.451	0.036	0.012	0.378	0.116	–0.365	0.684	0.237	9.867
17	600117	西宁特钢	0.026	0.231	0.029	0.087	0.251	0.223	0.118	0.665	0.394	12.457
18	600126	杭钢股份	0.033	0.328	0.034	0.004	0.307	–0.008	–0.692	1.097	0.571	12.333
19	600231	凌钢股份	0.106	0.620	0.103	0.087	–0.056	0.013	–0.273	3.264	1.581	6.871
20	600282	南钢股份	0.049	0.438	0.052	0.381	0.102	0.453	–0.239	1.440	0.878	6.388
21	600307	酒钢宏兴	0.074	0.704	0.076	0.095	0.096	0.187	–0.368	1.160	0.693	6.071
22	600357	G 承钒钛	0.032	0.255	0.030	0.036	0.092	0.184	–0.290	0.456	0.246	9.400
23	600399	抚顺特钢	0.003	0.024	0.003	0.013	–0.059	0.131	–0.530	0.824	0.518	132.353
24	600569	安阳钢铁	0.037	0.215	0.042	0.040	0.313	0.130	–0.476	0.861	0.381	9.767
25	600581	八一钢铁	0.045	0.416	0.049	0.030	0.193	0.195	–0.469	0.510	0.305	7.548
26	600691	ST 东碳	–0.082	–0.322	–0.080	–0.719	–0.046	–0.176	1.459	0.888	0.740	–7.305
27	600714	金瑞矿业	–0.097	–0.305	–0.094	–0.169	–0.058	–0.071	–3.986	0.459	0.222	–15.665
28	600804	鹏博士	0.003	0.021	0.004	0.008	0.167	0.152	–1.112	1.344	1.160	135.000
29	600808	马钢股份	0.074	0.441	0.081	0.083	0.236	0.199	–0.170	1.043	0.560	6.190
30	600894	广钢股份	–0.042	–0.192	–0.043	–0.181	0.055	–0.334	–1.721	0.933	0.331	–9.427

附录7　2006年钢铁行业上市公司绩效指标

序号	股票代码	股票简称	总资产利润率	每股收益（摊薄净利润）	资产收益率	净资产增长率	总资产增长率	营业收入增长率	营业利润增长率	流动比率	速动比率	市盈率
1	569	长城股份	–0.142	–0.361	–0.130	–0.344	–0.156	–0.006	0.649	0.807	0.298	–8.833
2	629	新钢钒	0.041	0.320	0.048	0.082	0.493	0.040	–0.016	0.829	0.363	13.375
3	708	大冶特钢	0.107	0.707	0.104	0.365	–0.068	0.022	3.007	0.997	0.430	8.345
4	709	唐钢股份	0.049	0.630	0.054	0.077	0.167	0.139	0.200	0.928	0.667	8.889
5	717	韶钢松山	0.034	0.311	0.034	0.070	–0.001	0.169	3.796	0.733	0.305	11.587
6	761	本钢板材	0.061	0.527	0.096	2.021	2.506	0.223	1.241	1.091	0.664	10.254
7	825	太钢不锈	0.061	0.911	0.092	1.457	2.447	0.688	2.138	0.964	0.419	14.336
8	898	鞍钢股份	0.117	1.154	0.188	1.633	3.089	1.061	2.220	0.678	0.258	8.839
9	959	首钢股份	0.026	0.210	0.030	–0.042	0.118	0.044	–0.407	1.624	1.396	16.238
10	961	大连金牛	0.007	0.081	0.007	0.021	0.004	–0.098	0.249	0.667	0.419	38.750
11	600001	邯郸钢铁	0.038	0.321	0.042	0.284	0.263	0.117	–0.038	1.308	0.858	13.583
12	600005	武钢股份	0.098	0.497	0.102	0.076	0.082	0.014	–0.170	0.949	0.351	12.797
13	600010	包钢股份	0.047	0.193	0.050	0.224	0.135	–0.037	–0.357	1.204	0.689	16.421
14	600019	宝钢股份	0.089	0.743	0.089	0.101	0.064	0.246	0.037	1.092	0.425	11.703

续表

序号	股票代码	股票简称	总资产利润率	每股收益（摊薄净利润）	资产收益率	净资产增长率	总资产增长率	营业收入增长率	营业利润增长率	流动比率	速动比率	市盈率
15	600022	济南钢铁	0.055	0.773	0.058	0.124	0.090	0.094	0.085	0.850	0.426	9.974
16	600102	S 莱钢	0.051	0.809	0.052	0.160	0.106	0.228	0.754	0.704	0.257	7.568
17	600117	西宁特钢	0.038	0.305	0.034	0.113	0.208	0.249	0.591	0.502	0.303	13.209
18	600126	杭钢股份	0.027	0.317	0.026	0.029	0.177	0.276	0.144	1.110	0.791	12.813
19	600231	凌钢股份	0.107	0.684	0.112	0.094	0.094	0.019	0.123	3.482	2.458	7.456
20	600282	南钢股份	0.042	0.416	0.044	−0.017	0.107	0.057	−0.015	1.181	0.670	9.214
21	600307	酒钢宏兴	0.059	0.510	0.060	0.097	0.101	0.266	−0.109	0.964	0.573	8.863
22	600357	承德钒钛	0.035	0.373	0.042	0.634	0.553	0.035	0.607	0.613	0.404	13.189
23	600399	抚顺特钢	0.003	0.029	0.003	0.010	−0.036	−0.090	−0.399	0.809	0.478	109.556
24	600569	安阳钢铁	0.040	0.276	0.043	0.058	0.195	0.133	0.505	0.699	0.316	9.964
25	600581	八一钢铁	0.020	0.267	0.024	0.016	0.440	0.118	−0.404	0.485	0.252	16.296
26	600691	SST 东碳	−0.122	−0.421	−0.114	−3.340	−0.118	0.113	0.304	0.784	0.645	−9.670
27	600714	金瑞矿业	−0.194	−0.470	−0.169	−0.329	−0.232	−0.314	1.281	0.480	0.313	−10.149
28	600804	鹏博士	0.010	0.044	0.010	0.026	−0.013	−0.027	253.455	1.265	1.067	292.250
29	600808	马钢股份	0.043	0.353	0.049	0.066	0.411	0.070	−0.202	1.013	0.493	12.748
30	600894	广钢股份	0.005	0.028	0.005	0.016	−0.014	−0.261	−1.049	0.898	0.572	100.357

附录8　2007年钢铁行业上市公司绩效指标

序号	股票代码	股票简称	总资产利润率	每股收益(摊薄净利润)	资产收益率	净资产增长率	总资产增长率	营业收入增长率	营业利润增长率	流动比率	速动比率	市盈率
1	569	长城股份	0.014	0.039	0.004	0.098	0.121	0.206	-1.226	0.851	0.223	230.000
2	629	攀钢钢钒	0.044	0.303	0.012	0.240	0.124	0.341	0.198	0.986	0.550	43.710
3	708	大冶特钢	0.094	0.720	0.025	0.245	0.163	0.300	-0.131	1.195	0.460	22.417
4	709	唐钢股份	0.068	1.070	0.019	0.323	0.244	0.509	0.545	1.034	0.636	26.295
5	717	韶钢松山	0.049	0.496	0.014	0.391	0.373	0.206	-1.000	1.020	0.459	19.470
6	761	本钢板材	0.058	0.542	0.015	0.044	0.091	0.270	0.043	1.156	0.714	27.132
7	825	太钢不锈	0.076	1.264	0.022	0.329	0.412	1.023	0.562	1.002	0.380	20.164
8	898	鞍钢股份	0.087	1.040	0.026	0.819	0.485	0.200	0.088	1.508	1.072	26.946
9	959	首钢股份	0.033	0.206	0.009	0.387	0.076	0.234	0.391	1.124	0.928	39.144
10	961	大连金牛	0.007	0.087	0.002	0.035	0.004	0.275	0.322	0.635	0.394	110.444
11	600001	邯郸钢铁	0.038	0.342	0.010	0.094	0.083	0.176	0.385	1.340	0.875	23.714
12	600005	武钢股份	0.100	0.832	0.031	0.184	0.632	0.311	0.589	0.593	0.251	23.678
13	600010	包钢股份	0.052	0.272	0.018	0.800	1.427	0.466	1.715	0.747	0.259	21.833
14	600019	宝钢股份	0.071	0.766	0.020	0.154	0.247	0.214	0.026	1.010	0.495	23.890

续表

序号	股票代码	股票简称	总资产利润率	每股收益(摊薄净利润)	资产收益率	净资产增长率	总资产增长率	营业收入增长率	营业利润增长率	流动比率	速动比率	市盈率
15	600022	济南钢铁	0.081	1.027	0.021	0.246	0.091	0.279	0.472	0.839	0.504	19.902
16	600102	莱钢股份	0.066	1.242	0.018	0.144	0.162	0.354	0.380	1.066	0.522	16.068
17	600117	西宁特钢	0.052	0.639	0.015	0.437	0.337	0.814	1.096	0.639	0.444	52.213
18	600126	杭钢股份	0.042	0.581	0.011	0.180	0.051	0.292	0.502	1.049	0.662	21.582
19	600231	凌钢股份	0.113	0.800	0.030	0.112	0.102	0.215	0.086	3.356	2.138	16.813
20	600282	南钢股份	0.095	1.101	0.026	0.242	0.179	0.401	1.452	1.131	0.412	18.832
21	600307	酒钢宏兴	0.083	0.914	0.023	0.158	0.241	0.657	0.676	1.114	0.554	32.031
22	600357	承德钒钛	0.036	0.457	0.010	0.118	0.184	0.877	0.108	0.618	0.475	43.318
23	600399	抚顺特钢	0.005	0.046	0.001	0.045	0.036	0.155	1.182	0.818	0.501	258.553
24	600569	安阳钢铁	0.050	0.538	0.015	0.174	0.537	0.552	0.339	0.917	0.470	22.241
25	600581	八一钢铁	0.039	0.677	0.011	0.134	0.311	0.464	1.561	1.016	0.664	33.721
26	600691	ST 东碳	0.178	0.223	0.031	−1.126	−0.461	−0.144	−0.866	0.758	0.481	38.110
27	600714	ST 金瑞	0.007	0.015	0.002	0.012	−0.090	−0.236	−0.666	0.350	0.106	662.000
28	600804	鹏博士	0.074	0.281	0.029	6.527	2.768	1.175	32.930	1.587	1.414	94.000
29	600808	马钢股份	0.036	0.381	0.010	0.166	0.296	0.476	0.063	0.906	0.528	26.283
30	600894	广钢股份	0.008	0.049	0.002	−0.041	−0.036	0.194	1.150	1.035	0.520	162.400

附录9　2008年钢铁行业上市公司绩效指标

序号	股票代码	股票简称	总资产利润率	每股收益（摊薄净利润）	资产收益率	净资产增长率	总资产增长率	营业收入增长率	营业利润增长率	流动比率	速动比率	市盈率
1	569	长城股份	−0.202	−0.521	−0.048	−0.657	−0.093	0.028	−8.981	0.697	0.113	−12.058
2	629	攀钢钢钒	−0.015	−0.098	−0.004	0.190	0.111	0.326	−1.423	1.032	0.660	−65.429
3	708	大冶特钢	0.059	0.447	0.015	0.067	−0.012	0.270	−0.625	1.099	0.677	10.045
4	709	唐钢股份	0.050	0.569	0.013	0.086	0.166	0.000	−0.208	0.987	0.651	7.688
5	717	韶钢松山	−0.093	−0.965	−0.024	−0.230	0.026	0.277	0.000	0.672	0.330	−3.233
6	761	本钢板材	0.005	0.053	0.001	−0.055	0.115	0.234	−0.887	0.896	0.367	82.000
7	825	太钢不锈	0.0[illegible]	0.214	0.005	0.206	0.129	0.024	−0.795	1.009	0.538	15.808
8	898	鞍钢股份	0.032	0.413	0.008	−0.021	0.062	0.216	−0.629	0.937	0.450	16.828
9	959	首钢股份	0.02[illegible]	0.119	0.005	−0.028	−0.045	−0.103	−0.442	1.015	0.748	20.882
10	961	大连金牛	0.007	0.090	0.002	0.023	−0.022	0.001	−0.371	0.673	0.364	53.667
11	600001	邯郸钢铁	0.022	0.213	0.006	0.015	0.044	0.427	−0.492	1.152	0.498	15.258
12	600005	武钢股份	0.07[illegible]	0.662	0.019	0.073	0.129	0.354	−0.333	0.459	0.137	7.221
13	600010	包钢股份	0.02[illegible]	0.143	0.006	0.020	0.305	0.648	−0.443	0.911	0.438	18.143
14	600019	宝钢股份	0.033	0.377	0.009	0.034	0.062	0.049	−0.574	0.816	0.321	12.568

续表

序号	股票代码	股票简称	总资产利润率	每股收益（摊薄净利润）	资产收益率	净资产增长率	总资产增长率	营业收入增长率	营业利润增长率	流动比率	速动比率	市盈率
15	600022	济南钢铁	0.028	0.453	0.009	0.307	0.611	0.285	–0.479	0.644	0.357	8.041
16	600102	莱钢股份	0.015	0.290	0.004	–0.047	0.004	0.208	–0.930	1.147	0.619	20.420
17	600117	西宁特钢	0.035	0.481	0.009	0.037	0.123	0.209	–0.342	0.542	0.323	175.527
18	600126	杭钢股份	0.006	0.068	0.002	–0.031	–0.006	0.355	–0.923	1.031	0.636	95.750
19	600231	凌钢股份	0.056	0.443	0.018	–0.035	0.711	0.265	–0.125	0.902	0.491	10.023
20	600282	南钢股份	0.011	0.073	0.003	0.007	0.026	0.289	–0.907	1.098	0.394	39.726
21	600307	酒钢宏兴	0.003	0.039	0.001	–0.026	0.040	0.455	–0.984	1.114	0.733	93.200
22	600357	承德钒钛	0.001	0.029	0.000	0.017	0.698	0.253	–0.941	0.455	0.288	152.000
23	600399	抚顺特钢	0.007	0.067	0.002	0.022	–0.001	0.108	–0.049	0.835	0.484	56.287
24	600569	安阳钢铁	0.005	0.052	0.001	0.395	0.260	0.446	–0.870	0.905	0.313	60.400
25	600581	八一钢铁	0.009	0.136	0.002	0.027	0.176	0.566	–0.849	0.710	0.423	35.571
26	600691	ST 东碳	–0.169	–0.206	–0.042	–8.250	–0.027	–0.128	4.319	0.661	0.417	–20.563
27	600714	ST 金瑞	–0.197	–0.490	–0.052	–0.502	0.127	0.501	1.989	0.228	0.092	–8.204
28	600804	鹏博士	0.075	0.286	0.020	0.134	0.098	0.258	0.125	2.589	2.462	36.222
29	600808	马钢股份	0.011	0.095	0.003	0.046	–0.098	0.407	–0.755	1.047	0.511	30.962
30	600894	广钢股份	–0.230	–1.270	–0.056	–0.633	–0.054	0.260	–48.245	0.742	0.314	–2.926

附录10　2004~2008年钢铁行业上市公司绩效评价结果

年度	股票代码	股票简称	收益能力因子	成长能力因子	抗风险能力因子	市场评价能力因子
2004	569	长城股份	-0.187	-0.080	-0.379	4.077
2004	629	新钢钒	0.757	-0.127	0.118	-0.190
2004	708	大冶特钢	-0.472	-0.021	-0.195	1.337
2004	709	唐钢股份	0.549	0.099	1.399	-0.228
2004	717	韶钢松山	1.585	-0.222	-0.845	-0.271
2004	761	本钢板材	0.949	-0.158	0.930	-0.106
2004	825	太钢不锈	1.139	-0.198	0.257	-0.302
2004	898	鞍钢新轧	1.085	-0.185	1.620	0.029
2004	959	首钢股份	0.180	-0.171	2.952	-0.310
2004	961	大连金牛	-0.350	0.206	-0.750	0.709
2004	600001	邯郸钢铁	0.234	0.103	1.273	-0.262
2004	600005	武钢股份	—	—	—	—
2004	600010	钢联股份	0.735	0.101	0.477	-0.256
2004	600019	宝钢股份	1.718	-0.536	0.392	-0.134
2004	600022	济南钢铁	—	—	—	—
2004	600102	莱钢股份	0.984	-0.071	0.520	-0.096
2004	600117	西宁特钢	-0.302	0.297	0.112	-0.241
2004	600126	杭钢股份	1.713	-0.454	0.605	-0.262
2004	600231	凌钢股份	1.721	-0.361	1.834	-0.002
2004	600282	南钢股份	1.153	0.122	-0.037	-0.337
2004	600307	酒钢宏兴	1.783	0.179	0.349	-0.275
2004	600357	承德钒钛	0.378	0.331	-1.162	-0.207
2004	600399	抚顺特钢	-0.515	0.496	0.099	4.563

续表

年度	股票代码	股票简称	收益能力因子	成长能力因子	抗风险能力因子	市场评价能力因子
2004	600569	安阳钢铁	0.571	–0.189	0.684	–0.223
2004	600581	八一钢铁	1.197	–0.070	–0.351	–0.284
2004	600691	*ST 林控	–0.477	–0.099	0.084	0.120
2004	600714	金瑞矿业	—	—	—	—
2004	600804	鹏博士	–0.473	–0.133	1.044	3.518
2004	600808	马钢股份	1.357	–0.003	–0.193	0.072
2004	600894	广钢股份	0.190	0.200	0.019	–0.118
2005	569	长城股份	–0.617	–1.727	–0.934	–0.922
2005	629	G 新钢钒	0.435	–0.324	–0.384	–0.486
2005	708	大冶特钢	–0.264	–0.366	–0.436	–0.162
2005	709	G 唐钢	0.124	–0.234	0.296	–0.610
2005	717	G 韶钢	–0.422	–0.402	–1.048	–0.333
2005	761	本钢板材	0.353	–0.488	2.536	–0.424
2005	825	太钢不锈	0.522	–0.540	0.457	–0.534
2005	898	G 鞍钢	1.496	–0.827	1.139	–0.312
2005	959	G 首钢	–0.284	–0.435	2.353	–0.634
2005	961	大连金牛	–0.649	–0.322	–0.561	0.134
2005	600001	邯郸钢铁	–0.143	–0.525	2.036	–0.590
2005	600005	G 武钢	1.588	–0.048	0.094	0.032
2005	600010	包钢股份	0.543	–0.390	0.284	–0.376
2005	600019	G 宝钢	1.546	1.525	–0.615	–0.020
2005	600022	济南钢铁	0.866	–0.146	–0.707	–0.501
2005	600102	莱钢股份	0.094	–0.169	–0.914	–0.549
2005	600117	西宁特钢	–0.198	0.008	–0.663	–0.392
2005	600126	杭钢股份	–0.160	–0.324	0.006	–0.607
2005	600231	凌钢股份	0.605	–0.806	3.586	–0.575
2005	600282	南钢股份	0.303	0.026	0.629	–0.286
2005	600307	酒钢宏兴	0.769	–0.496	0.143	–0.422
2005	600357	G 承钒钛	–0.045	–0.276	–1.071	–0.386
2005	600399	抚顺特钢	–0.530	–0.423	–0.287	1.514
2005	600569	安阳钢铁	–0.081	–0.165	–0.496	–0.511

续表

年度	股票代码	股票简称	收益能力因子	成长能力因子	抗风险能力因子	市场评价能力因子
2005	600581	八一钢铁	0.283	-0.299	-0.994	-0.422
2005	600691	ST 东碳	-2.651	-0.169	0.597	-1.123
2005	600714	金瑞矿业	-1.998	-0.689	-1.063	-1.167
2005	600804	鹏博士	-0.715	-0.257	1.067	1.465
2005	600808	马钢股份	0.564	-0.286	-0.110	-0.435
2005	600894	广钢股份	-1.599	-0.648	-0.288	-1.248
2006	569	长城股份	-2.989	0.062	-0.244	-1.115
2006	629	新钢钒	0.008	-0.030	-0.565	-0.583
2006	708	大冶特钢	0.999	-0.224	-0.205	-0.418
2006	709	唐钢股份	0.355	-0.286	-0.069	-0.476
2006	717	韶钢松山	-0.309	0.262	-0.458	-0.380
2006	761	本钢板材	0.710	2.879	-0.642	-1.260
2006	825	太钢不锈	1.090	2.911	-1.065	-0.773
2006	898	鞍钢股份	—	—	—	—
2006	959	首钢股份	-0.590	-0.313	1.758	-0.493
2006	961	大连金牛	-0.677	-0.366	-0.484	-0.182
2006	600001	邯郸钢铁	-0.104	-0.030	0.571	-0.501
2006	600005	武钢股份	0.923	-0.674	-0.461	-0.370
2006	600010	包钢股份	-0.084	-0.346	0.293	-0.497
2006	600019	宝钢股份	1.065	-0.503	-0.294	-0.237
2006	600022	济南钢铁	0.643	-0.461	-0.515	-0.457
2006	600102	S 莱钢	0.677	-0.232	-0.898	-0.399
2006	600117	西宁特钢	0.004	0.021	-0.950	-0.313
2006	600126	杭钢股份	-0.257	-0.037	0.341	-0.351
2006	600231	凌钢股份	—	—	—	—
2007	708	大冶特钢	0.734	-0.251	-0.213	-0.044
2007	709	唐钢股份	0.860	0.104	-0.226	0.085
2007	717	韶钢松山	0.226	-0.033	-0.436	-0.323
2007	761	本钢板材	0.142	-0.251	0.223	-0.034
2007	825	太钢不锈	—	—	—	—
2007	898	鞍钢股份	0.855	0.250	0.730	-0.254

续表

年度	股票代码	股票简称	收益能力因子	成长能力因子	抗风险能力因子	市场评价能力因子
2007	959	首钢股份	−0.356	0.092	0.498	0.067
2007	961	大连金牛	−0.450	−0.129	−0.645	1.273
2007	600001	邯郸钢铁	−0.318	−0.135	0.706	−0.220
2007	600005	武钢股份	0.875	0.203	−1.140	−0.115
2007	600010	包钢股份	−0.036	1.748	−1.062	−0.423
2007	600019	宝钢股份	0.524	−0.212	−0.319	−0.155
2007	600022	济南钢铁	0.873	−0.264	−0.524	−0.104
2007	600102	莱钢股份	0.936	−0.241	−0.307	−0.180
2007	600117	西宁特钢	0.529	0.677	−0.871	0.715
2007	600126	杭钢股份	0.083	−0.103	0.034	−0.134
2007	600231	凌钢股份	0.239	−0.355	4.370	−0.295
2007	600282	南钢股份	1.015	−0.019	−0.342	−0.046
2007	600307	酒钢宏兴	0.859	0.141	−0.206	0.345
2007	600357	承德钒钛	0.249	0.375	−0.776	0.673
2007	600399	抚顺特钢	−0.455	−0.148	−0.282	3.520
2007	600569	安阳钢铁	0.222	0.460	−0.478	−0.037
2007	600581	八一钢铁	0.096	0.369	−0.004	0.101
2007	600691	ST 东碳	—	—	—	—
2007	600714	ST 金瑞	—	—	—	—
2007	600804	鹏博士	—	—	—	—
2007	600808	马钢股份	−0.027	0.223	−0.345	0.020
2007	600894	广钢股份	−0.581	−0.166	0.020	2.031
2008	569	长城股份	−2.227	−1.512	−1.102	−1.218
2008	629	攀钢钢钒	—	—	—	—
2008	708	大冶特钢	0.125	−0.400	0.103	−0.261
2008	709	唐钢股份	0.029	−0.376	−0.022	−0.598
2008	717	韶钢松山	−2.421	0.303	−0.368	−0.727
2008	761	本钢板材	−0.505	−0.273	−0.457	0.742
2008	825	太钢不锈	−0.413	−0.280	−0.146	−0.498
2008	898	鞍钢股份	−0.081	−0.374	−0.343	−0.262
2008	959	首钢股份	−0.660	−0.542	0.298	−0.444

续表

年度	股票代码	股票简称	收益能力因子	成长能力因子	抗风险能力因子	市场评价能力因子
2008	961	大连金牛	–0.564	–0.429	–0.617	0.153
2008	600001	邯郸钢铁	–0.300	–0.121	–0.050	–0.143
2008	600005	武钢股份	0.610	–0.283	–1.360	–0.220
2008	600010	包钢股份	–0.295	0.302	–0.436	0.014
2008	600019	宝钢股份	–0.123	–0.458	–0.618	–0.457
2008	600022	济南钢铁	–0.012	0.347	–0.932	–0.538
2008	600102	莱钢股份	–0.366	–0.411	0.130	–0.238
2008	600117	西宁特钢	0.273	–0.402	–0.993	2.284
2008	600126	杭钢股份	–0.474	–0.279	0.030	1.089
2008	600231	凌钢股份	0.012	0.251	–0.385	–0.486
2008	600282	南钢股份	–0.469	–0.275	–0.223	0.131
2008	600307	酒钢宏兴	–0.526	–0.147	0.227	1.101
2008	600357	承德钒钛	–0.460	0.248	–1.134	1.711
2008	600399	抚顺特钢	–0.619	–0.271	–0.283	0.261
2008	600569	安阳钢铁	–0.345	0.242	–0.691	0.488
2008	600581	八一钢铁	–0.334	0.091	–0.659	0.256
2008	600691	ST 东碳	—	—	—	—
2008	600714	ST 金瑞	—	—	—	—
2008	600804	鹏博士	—	—	—	—
2008	600808	马钢股份	–0.429	–0.238	–0.120	0.125
2008	600894	广钢股份	—	—	—	—

参考文献

[1] Agrawal A, Knoeber C R. Firm performance and Mechanisms To Control Agency Problems Between Managers and Shareholders [J]. The Journal of Financial and Quantitative Analysis, 1996, 31: 377-397

[2] Barnhart S W, Rosenstein S. Board Composition, Managerial Ownership, and Firm Performance: An Empirical Analysis [J]. Financial Review, 1998, 33: 1-16

[3] Baysinger B, Hoskisson R.The Composition of Boards of Directors and Strategic Control: Effects on Corporate Strategy [J]. Academy of Management Review, 1990, 15 (1): 72-87

[4] Baysinger B, Butler H. Corporate Governance and The Board of Directors: Performance Effects of Changes In Board Compositions [J]. Journal of Law, Economics and Organizations, 1985, 1: 101-124

[5] Berle A, Means G. The Modern Corporation and the Private Property [A], Macmillan, New York, 1932

[6] Bhagat S, Black B. The Uncertain Relationship Between Board Composition and Firm Performance [J]. Business Lawyer, 1999, 54 (3): 921-963

[7] Bhagat S, Black B. The Non-correlation between Board Independence and Long-Term Firm Performance [J]. ournal of Corporation Law, 2002, 27 (2): 231-274

[8] Boardman A, Vining A. Owenrship and Performance in Competitive Environments: a Comparison of the Performance of Private, mixed, and State-owned Enterprises [J]. Journal of Law and Economics, 1989, 32: 1-33

[9] Boyd B. Board Control and CEO Compensation [J]. Strategic Management Journal, 1994, 15 (5): 335-344

[10] Brick, Ivan E, Chidambaran N K.Board Meeting'Committee Structure and performance [R]. Rutgers business School -Newark & New Brunawick of Rutgers University, Working Paper Series, 2007

[11] Brickley J, Coles J, Rerry R. Outside Directors and The Adoption of Poison Pills[J]. Journal of Financial Economics, 1994, 35: 371-390

[12] Cho M H.Ownership Structure, Investment, and the Corporate Value: a Empirical Analysis [J]. Journalof Financial Economics, 1998, 47: 103-121

[13] Cordeiro J, Veliyath R, Eramus E.An Empirical Investigation of the Determinants of Outside Director Compensation. Corporate Governance [J]. An International Review, 2000, 8 (3): 268-279

[14] Dahya, Jay, McConnell, John J. Board Composition, Corporate Performance, and the Cadbury Committee Recommendation. Available at SSRN: http: //ssrn. com/ abstract=687429, 2005

[15] Daily C, Johnson J. Sources of CEO Power and Firm Financial Performance: A Longitudinal Assessment, Journal of Management [J]. 1997, 23 (2): 97-117

[16] Daily C, Dalton D. Board of Directors Leadership and Structure: Control and Performance Implications [J]. Entrepreneurship Theory and Practice, Spring, 1993: 65-81

[17] Dalton D, Daily C, Johnson J, et al. A. Number of Directors and Financial Perfomance: A Meta-analysis [J]. Academy of Management Journal, 1999, 42 (6): 674-686

[18] De Andres P, Azofra V, Lopez F. Corporate Boards in OECD Countries: Size, Composition, Functioning, and Effectiveness [J]. Corporate Governance: An International Review, 2005, 13 (2): 197-210

[19] Deqiang Liu, Keijiro Otsuka A. Comparison of Management Incentives, Abilities, and Efficiency between SOEs and TVEs: The Case of theIron and Steel Industry in China [J]. Economic Development and Cultural Change: 2004 (4): 759-781

[20] Dulewicz V, Herbert P. Does the Composition and Practice of Boards and DirectorsBear Any Relationship to the Performance of the Their Companies? Corporate Governance [J]. An International Review, 2004, 12

(3): 263-280

[21] Estin S, Wright M. Enterprise Performance and Corporate Governance in Ukraine [J]. Journal of Comparative Economics, 1999, 27: 398-421

[22] Fama E, Jensen M C. Separation of Ownership and Control [J]. Journal of Law and Economics, 1983 (26): 301-325

[23] Fama, Eugene F, Jensen, et al. Agency problems and residual claims [J]. Journal of Law and Economics, 1983, (26): 327-349

[24] Femandez, Carlos, Ruben A.Garcia.The Effects of Ownership Structure and board composition on the audit committee Meeting Frequency: Spanish Evidence [J]. Corporate Governmanee : An Intenational Review, 2007 Vol.15 (5): 909-922

[25] Fernandes N. Board Compensation and Firm Performance: The Role of "Independent" Board Members [D]. Working Paper, 2005

[26] Hempel P, Fay C. Outside Director Compensation and Firm Performance [J]. Human Resource Management, 1994, 33 (1): 111-133

[27] Hermalin B, Weisbach M. The Effects of Board Composition and Direct Incentives on Firm Performance [J]. Financial Management, 1991, 20 (4): 101-112

[28] Hillman A J, Keim G D, Luce R A. Board Composition and Stakeholder Performance : Do Stakeholder DirectorsMake a Difference? [J]. Business and Society, 2001, 40 (3), 295-314

[29] Hirshleifer, David, Yoon Suh. Risk, Managerial Effort and Project Choice [J]. Journal of Financial Intermediation, 2001 (2), 158-165

[30] Holderness C, Sheehan D.The Role of Majority Shareholders in Publicly Held Corporations [J]. Journal of Financial Economics, 1988, 20: 317-346

[31] Holmstrom, Bengt. Moral Hazard & Observability [J]. Bell Journal of Economics, 1992, 10 (1): 74-91

[32] Jensen M. The modern industrial revolution, exit and the failure of internal control systems [J]. Journal of Finance, 1993, 48: 831-880

[33] Jensen M, Meckling W. The Theory of Firm, Managerial Behavior, Agency Cost and Ownership Structure [J]. Journal of Financial Economics,

1976, 3: 305-360

[34] Johnson J, Daily C, Ellstrand A. Board of Directors: A Review and Research Agenda[J]. Journal of Management, 1996, 22 (3): 409-438

[35] Kiel G, Nicholson G. Board Composition and Corporate Performance: How the Australian Experience Informs Contrasting Theories of Corporate Governance: An International Review [J]. Corporate Governance, 2003, 11 (3): 189-205

[36] Klein A. Firm Performance and Board Committee Structure [J]. Journal of Law and Economics, 1998, 41(1): 275-303

[37] Lipton M, Lorsch J. A modest proposal for improved corporate governance [J]. Business Lawyer, 1992, 48: 59-77

[38] Mallette P, Fowler K. Effects of Board Composition and Stock Ownership on the Adoption of Poison Pills [J]. Academy of Management Journal, 1992, 35: 1010-1035

[39] Morck R, Shleifer A, Vishny R. Management Ownership and Market Valuation and Empirical Analysis [J]. Journal of Financial Economics, 1988, 20: 293-315

[40] Moyer R C, Rao R, Sineros P M. Substitutes for voting rights: Evidence From Dual Class Recapitalizations [J]. Financial Management, 1992, 21: 35-47

[41] Feffer P. Size and Composition of corporate Boards of Directors: The Organization and its Environment [J]. Administrative Science Quarterly, 1972, (17): 218-229

[42] Feffer P. Size, Composition and Funtion of History Boards of Directors: A Study of Organization EnvironmentLinkage [J]. Administrative Science Quarterly, 1973, (18): 349-364

[43] Pearce J, Zahra S. Board Composition formal Strategic Contingency Perspective [J]. Journal of Management Studies, 1992, 29 (4): 411-438

[44] Peng M. Outside Directors & Firm Performance during Institutional Transitions (in China) [J]. Strategic Management Journal, 2004, 25(5): 453-471

[45] Peter B Warr, Michael W Bird. A Study of Supervisorsin the Iron

and Steel industry [J]. Occupational sychology. 1965 (10): 235-246

[46] Pi L, Timme S G, Corporate Control and Bank Efficiency [J]. Journal of Banking and Finance, 1993, 17: 515-530

[47] Rechner P, Dalton D. CEO Duality and Organizational Performance: A Longitudinal Analysis [J]. Strategic Management Journal, 1991, 12 (2): 155-160

[48] Rosentein S, Wyatt J G. Outside Directors, Board Independence and Shareholder Wealth [J]. Journal of Financial Economics, 1990, 26: 175-191

[49] Schellenger M H, Wood D D, Tashakori A. Board of Director Composition, Shareholder Wealth and Dividend Policy [J]. Journal of Management, 1989, 15: 457-467

[50] Tian J, Lau C. Board Composition, Leadership Structure and Performance in Chinese Shareholding Companies [J]. Asia Pacific Journal of Management, 2001, 18: 245 -163

[51] Vafeas N. Board Meeting Frequency and Firm Performance [J]. Journal of Financial Economics, 1999, 53 (1): 113-142

[52] Yangmin Kim. The Proportion and Social Capital of Outside Directors and Their Impacts on Firm Value: evidence from Korea [R]. Corporate Governance: An International Review, Blackwell Publishing. 1168-1176

[53] Yemack D.Higher Market Valuation for Firms with a Small Board of Directors [J]. Journal of Financial Economics, 1996, 40: 185 -211

[54] Zahra S, Pearce J. Boards of Directors and Corporate Financial Performance: A Review and Integrative Model [J]. Journal of Management, 1989, 15 (2): 291-334

[55] 鞍钢股份有限公司.鞍钢股份有限公司 2007 年年报 [R]. 15-16

[56] Anish Shah, Shyam Sunder. 董事激励与公司绩效：实验的证据 [J]. 李建标，宗计川，译. 南开管理评论，2004 (7)：4-14

[57] 白重恩，刘俏，陆洲，等. 中国上市公司治理结构的实证研究 [J]. 经济研究，2005 (2)：81-91

[58] 北京大学中国经济研究中心研发的色诺芬数据库 [DB/OL]. http：//www.sinofin.net

[59] 文献研究法 [EB/OL]. 百度百科，http：//baike.baidu.com/view/

1682460. htm?fr= ala0_1_1

[60] 陈军，刘莉. 上市公司董事会特征与公司绩效关系研究 [J]. 中国软科学，2006 (11)：101-108

[61] 陈舸，程帆.中国钢铁行业并购重组分析 [J]. 企业技术开发，2007 (7)：71-73

[62] 陈霞. 宝钢集团新董事会结构分析 [J]. 冶金管理. 2006 (9)：34-35

[63] 陈前. 基于我国上市公司经营业绩评价的实证分析 [D]. 成都：西南交通大学硕士学位论文，2006

[64] 董志强，孙方诚. 董事会与公司治理效率：已知或未知 [J]. 当代财经，2004 (5)：72-75

[65] 2008 年钢铁行业利润不足千亿 [EB/OL]. 凤凰网财经，http：//www.cctv32.com/ 992009226221015.html，2009-02-26

[66] 高闯，潘忠志. 高技术集群企业合作创新博弈及其制度分析 [J]. 科技进步与对策，2007 (3)：65-67

[67] 高明华，马守莉. 独立董事制度与公司绩效关系的实证分析 [J]. 南开经济研究，2002 (2)：64-68

[68] 谷祺，于东智. 公司治理、董事会行为与经营绩效 [J]. 财经问题研究，2001 (1)：58-65

[69] 顾文炯. 用因子分析法对农业上市公司进行财务评价 [J].安徽大学学报 (哲学社会科学版)，2005 (5)：136-139

[70] 2007 年上半年钢铁行业分析报告 [R]. 国研网，http：//www.drcnet.com.cn/ DRCNet. Channel.Web/Calling/callingreport.aspx?version =Integr -ated&sel=3151

[71] 谌新民，刘善敏. 上市公司经营者报酬结构性差异的实证研究 [J]. 经济研究，2003 (8)：55-63，92

[72] 葛文雷，吴彦. 钢铁上市公司治理结构与公司绩效的关系 [J]. 郑州航空工业管理学院学报，2008 (4)：69-71

[73] 何卫东. 深交所上市公司治理调查分析报告 [R] . 2003-08

[74] 何问陶，黄莹. 我国独立董事激励与约束机制的博弈分析 [J].开发研究，2006 (1)：104-107

[75] 贺武，刘平. 独立董事激励探讨 [J]. 财会月刊，2005 (11)：

54–55

[76] 贺翔. 民营企业主与职业经理人之间的“囚徒困境”分析 [J]. 管理视角，2006（8）：82–83

[77] 胡鞍钢，胡光宇. 公司治理中外比较 [M]. 北京：新华出版社，2004

[78] 胡铭. 我国上市公司董事会独立性研究 [J]. 嘉兴学院学报，2003（3）：72–75

[79] 胡乃民. 大型钢铁企业薪酬激励机制设计与实施 [J]. 工业工程与管理，2007（2）：114–118

[80] 胡勤勤，沈艺峰. 外部独立董事能否提高上市公司的经营业绩 [J]. 世界经济，2002（7）：51–62

[81] 胡晓阳，李少斌，冯科. 我国上市公司董事会行为与公司绩效变化的实证分析 [J]. 中国软科学，2005（6）：121–126

[82] 华伟. 宝钢试点董事会改革 [J]. 上海经济，2007（1）：40–42

[83] 黄陆军. 浅析钢铁企业独立董事制度 [J]. 冶金经济与管理，2004（5）：39–40

[84] 黄鹏. 上市公司虚假财务报告的博弈分析 [J]. 中国注册会计师，2002（11）：11–14

[85] 蒋大兴. 独立董事：在传统框架中行动?：超越公司治理结构改革的异向思维 [J]. 法学评论，2003（2）：24–29

[86] 李常青，赖建清. 董事会特征影响公司绩效吗? [J]. 金融研究，2004（5）：64–77

[87] 李善民，陈正道. 独立董事制度与股东的财富变化 [J]. 中山大学学报：社会科学版，2002，42（5）：92–99

[88] 李维安.制定适合国情的《中国公司治理原则》[J].南开管理评论，2000（4）：1–2

[89] 李增泉. 激励机制与企业绩效：一项基于上市公司的实证研究 [J]. 会计研究，2000（1）：24–30

[90] 廖洪. 我国独立董事激励机制研究 [J]. 财政监督，2003（9）：51–53

[91] 刘俊海. 我国《公司法》移植独立董事制度的思考 [J]. 政法论坛，2003（3）：41–52

［92］刘丽. VBM 下企业财务治理的不完全信息博弈［J］. 会计之友，2007（11）：61-62

［93］刘丽，刘丹. 辽宁上市公司高管人员薪酬水平研究［J］. 商场现代化，2007（2）：302

［94］刘丽，刘振栋. 钢铁行业上市公司薪酬水平分析［J］. 商情·教育经济研究，2008（11）：3-4

［95］刘丽，姚海鑫. 钢铁行业上市公司董事会特殊性研究：基于 IT 业的对比分析［J］. 工业技术经济，2009（7）：145-151

［96］刘丽. 钢铁行业上市公司董事会独立性分析［J］. 江苏科技信息，2010（2）：24-26

［97］刘丽. 钢铁行业上市公司董事会特征的差异性研究：基于有色、石化和汽车业的比较［J］. 现代管理科学，2010（3）：42-43，97

［98］刘姝威，程超，陈国辉. 加强对董事会成员任职能力的考核［J］. 农村金融研究，2006（10）：36-38

［99］刘振栋，刘丽. 基于因子分析和聚类分析的钢铁行业上市公司绩效评价［J］. 冶金经济与管理，2009（5）：34-38

［100］鲁桐. 独立董事制度的发展及其在中国的实践［J］. 世界经济，2002（6）：3-12

［101］马俊驹，聂德宗. 公司法人治理结构的当代发展：兼论我国公司法人治理结构的重建［J］. 法学研究，2000（2）：81-82

［102］南开大学公司治理研究中心公司治理评价课题组. 中国上市公司治理指数与治理绩效的实证分析［J］. 管理世界，2004（2）：63-74

［103］南开大学公司治理研究中心公司治理评价课题组. 中国上市公司治理评价研究报告［M］. 北京：商务印书馆，2007

［104］倪建林. 公司治理结构：法律与实践［M］. 北京：法律出版社，2001

［105］宁向东. 公司治理理论［M］. 北京：中国发展出版社，2005

［106］彭金涛. 解构央企董事会［J］. 董事会，2007（9）：41-45

［107］彭真明，江华. 美国独立董事制度与德国独立董事制度之比较：也论中国公司治理模式的选择［J］. 法学评论，2003（1）：36-42

［108］青木昌彦. 比较制度分析［M］. 上海：上海远东出版社，2001

［109］青木昌彦. 转轨经济中的公司治理结构［M］. 北京：中国经济

出版社，1995

［110］上海证券交易所研究中心. 中国上市公司治理报告（2006）：国有控股上市公司治理［M］. 上海：复旦大学出版社，2006

［111］沈艺峰，张俊生. ST 公司董事会治理失败若干成因分析［J］. 证券市场导报，2002（3）：21–25

［112］施星辉. 104 位独立董事分析——调查一：他们是谁？［J］. 中国企业家，2001（7）：64–65

［113］孙永祥，章融. 董事会规模、公司治理与绩效［J］. 企业经济，2000（10）：13–15

［114］孙铮，姜秀华，任强. 治理结构与公司绩效的相关性研究［J］. 财经研究，2001（4）：3–8

［115］谭劲松. 独立董事激励与约束机制研究［J］. 中山大学学报：社会科学版，2003（4）：83–89

［116］谭劲松. 独立董事与公司治理：基于我国上市公司的研究［M］. 北京：中国财政经济出版社，2003

［117］唐清泉，罗当论，张学勤. 独立董事的职业背景与公司绩效关系的实证研究［J］. 金融与证券，2005（2）：97–101

［118］盘点十大产业规划［EB/OL］. 腾讯财经，http：//finance.qq.com/zt/2009/ industry，2010.03.04

［119］王小娥，赵守国. 上市公司董事会结构的实证分析［J］. 西北大学学报：哲学社会科学版，2002（2）：45–48

［120］王跃堂，赵子夜，魏晓雁. 董事会的独立性是否影响公司绩效［J］. 经济研究，2006（5）：62–73

［121］魏刚. 高级管理层激励与上市公司经营绩效［J］. 会计研究，2000（3）：29–34

［122］温素彬. 基于可持续发展观的企业绩效评价模式研究［J］. 财会月刊，2007（2）：35–37

［123］吴峰霞，吴锋伟. 钢铁上市公司财务绩效评价与对策分析［J］. 当代经济管理，2008（6）：95–97

［124］吴健斌. 日本引进独立董事制度的经验及启示［J］. 南京大学学报. 2003（2）：89–95

［125］吴敬琏. 企业理论与国企改革［M］. 天津：天津人民出版社，

1994

[126] 吴淑锟，柏杰，席西民. 董事长与总经理两职的分离与合一[J]. 经济研究，1998（8）：21-28

[127] 谢企华. 完善宝钢董事会的认识与实践 [J]. 企业文明，2004（3）：13-17

[128] 徐辉，张文静.我国钢铁行业上市公司业绩实证研究 [J]. 山东经济，2007（5）：99-102

[129] 许天戟，王用琪.面对 WTO 中国建筑业如何与国际接轨. 西安交通大学学报（社会科学版），2001，21（1）：22-29

[130] 严若森. 公司治理成本的构成与公司治理效率的最优化研究[J]. 会计研究，2005（2）：59-64

[131] 晏青. 宝钢董事会的“淡马锡”样板 [J]. 产权导刊，2005（12）：51-52

[132] 姚海鑫，尹波，李正. 关于上市公司会计监管的不完全信息博弈分析 [J]. 会计研究，2003（5）：43-45

[133] 姚海鑫. 财务管理 [M]. 北京：清华大学出版社，2007：423

[134] 姚海鑫. 陆智强. 上市公司董事会结构与经理败德行为关系研究：公司财务的视角 [M]. 北京：经济管理出版社，2011

[135] 姚海鑫，朱雅琴，宋悦铭. 财务透明度：董事会治理有效性之检验——来自辽宁上市公司的一组经验证据 [J]. 辽宁大学学报：哲学社会科学版，2011（2）：89-95

[136] 朱雅琴，姚海鑫. 独立董事、审计委员会与信息透明度：来自深圳证券交易所 A 股上市公司的经验证据 [J]. 东北大学学报：社会科学版，2011（2）：128-133

[137] 姚海鑫，刘志杰. 外资并购国有企业股权定价财务影响因素的实证分析 [J]. 中国软科学，2009（10）：133-141

[138] 于东智，王化成. 独立董事与公司治理：理论、经验与实践[J]. 会计研究，2003（8）：8-13

[139] 于东智. 董事会、公司治理与绩效：对中国上市公司的经验分析 [J]. 中国社会科学，2003（3）：29-41

[140] 于东智. 董事会与公司治理 [M]. 北京：清华大学出版社，2003

［141］岳清唐. 对 500 家上市公司独立董事年龄、专业等构成的实证研究［J］. 经济界，2003（2）：86-89

［142］张俊瑞，赵进文，张建. 高级管理层激励与上市公司经营绩效相关性的实证分析［J］. 会计研究，2003（9）：29-34

［143］张维迎. 博弈论与信息经济学［M］. 上海：上海人民出版社，1999

［144］郑志刚. 投资者之间的利益冲突和公司治理机制的整合［J］. 经济研究，2004（2）：115-125

［145］中国社会科学院语言研究所词典编辑室. 现代汉语词典［M］. 北京：商务印书馆，1992：1125

［146］中国证监会. 关于在上市公司建立独立董事制度的指导意见［N］. 中国证券报，2001.08.22

［147］钢铁产业调整和振兴规划［EB/0L］. 中国政府网，http：//www.gov.cn/zwgk/ 2009-03/20/content_ 1264318.html，2009.03.09

［148］钟田丽，贾立恒，杜淑洁. 独立董事比例与上市公司自愿披露程度的相关性［J］. 东北大学学报，2005（8）：809-812

［149］周希增. 钢铁行业上市公司资产重组的回顾与展望［J］. 冶金管理，2002（3）：29-32

［150］朱孔来. 评价指标的非线性无量纲模糊处理方法［J］. 统计与信息论坛，1997（3）：10-14

［151］朱杏珍. 董事会的规模与效能探析［J］. 当代财经，2002（6）：68-70

［152］朱正伟.主成分分析法在钢铁行业上市公司业绩评价中的应用［J］. 统计与信息论坛，2003（3）：76-79

后　记

本书之所以选择钢铁企业作为研究对象，除了书中所提到的理论和实务研究的需要外，还有一个情感上的原因，那就是作为一名土生土长的鞍山人，亲身见证了鞍钢的发展轨迹，体验了鞍钢的兴衰对钢城人生活质量的影响。出于对鞍钢特有的感情，我开始关注钢铁行业，关注钢铁企业，尤其是攻读企业管理博士期间，对于钢铁企业治理问题的关注由感性逐渐上升到理性，为了把这一问题深入地研究下去，我将钢铁企业董事会治理问题作为博士论文的选题，经过两年的潜心研究，终于完成了博士论文，并顺利通过答辩。本书是在博士论文的基础上修改完成的，修改过程中汲取了论文答辩专家和评审专家的意见，但由于国内外相关的研究成果并不多见，所以，本书只能算是这一方面的有益尝试和探索，疏漏和不足在所难免，但我希望对钢铁企业股权结构、经理层激励等公司治理方面的后续研究能吸引更多的专家学者关注钢铁企业治理问题，并积极投身到这方面的研究中，在不断丰富理论研究成果的同时，推进我国钢铁企业管理效率的提升，以增加其核心竞争力。

著书立说是一个清贫清苦的过程，在这个过程中我之所以能够坚持下来，完全得益于我的导师——辽宁大学商学院姚海鑫教授的三句治学教导——耐得住寂寞、坐得住板凳和经得住诱惑，正是因为恪守了这些教导，我的博士论文和专著得以完成，我的科学研究之路得以持续，我的研究水平和成果得以提高。姚老师不仅教给了我知识，教给了我研究的方法，更重要的是还教给了我淡泊名利、平易近人的做人原则和忘我奉献的敬业精神，衷心地感谢姚老师。

感谢辽宁大学工商管理学院博士生导师高闯教授、唐晓华教授、赵德志教授、刘力钢教授、周菲教授、李雪欣教授。在课堂上聆听各位老师的精辟讲解使我受益匪浅，在选题、期中检查过程中，各位导师对我的博士论文提供的方向性的指导和中肯的建议使我的思路更加开阔和清晰，可以说我的论文里面闪耀着各位老师的博学和智慧。同时感谢南开大学国际商学院袁庆宏教授、南开大学泽尔腾实验室的巨龙博士等在文献查阅和方法选择等方面给我提供的诸多帮助。

感谢辽宁科技大学的同事们对我的无私帮助，感谢唐志丹教授、李华老师、刘晓琴老师和董晓东老师对我的论文提供的建议和协助。感谢我的博士同学王德武、刘志杰、陆智强、王海燕、胡克果、朱雅琴等在我的论文写作中提供的建议。感谢鞍钢股份有限公司和凌钢股份有限公司的工作人员为我的调研所提供的各项帮助，同时也感谢色诺芬数据库的工作人员在数据收集过程中所做的大量工作，论文写作过程中，我还参考和引用了许多文献资料，在此对这些文献的作者表示感谢。

最后要感谢我的父母、妹妹和爱人徐成贺先生在我攻读博士学位期间以及撰写书稿过程中所给予的默默支持和无微不至的照顾。

刘　丽

2010 年 5 月